LA PROCÉDURE

Droit privé et sciences criminelles

Collection dirigée par Yves Strickler

Créée fin 2011 par Yves Strickler et le Centre d'études et de recherches en droit privé (devenu le Centre d'études et de recherches en droit des procédures en 2013) de la Faculté de droit et science politique de Nice, la présente collection a pour vocation principale de publier des ouvrages en liaison avec le thème retenu pour dénomination de la collection. Cette dernière rassemble des recherches originales, tirées notamment de travaux de recherche, de manifestations scientifiques ainsi que d'ouvrages collectifs sur les interrogations actuelles que rencontre la science juridique, spécialement dans le domaine du droit privé et des sciences criminelles.

Parutions antérieures

Droit des sociétés et procédures collectives (dir. L.-C. Henry), janvier 2018, 207 pages

Le concept d'arbitrage (dir. C. Leroy et L. Yboud), décembre 2017, 221 pages

Procédure civile et nouvelles technologies, Delphine de Lorgeril, septembre 2017, 164 pages

Mélanges en l'honneur du Doyen Roger Bernardini, « Parcours pénal » (dir. Christine Courtin, Marc Dalloz, Fabienne Ghelfi, Jean-François Renucci), mars 2017, 313 pages

Victor Hugo et les magistrats, Marcel Foulon, octobre 2016, 198 pages

Variations juridiques et sociologiques - Regards experts sur les grandes mutations du droit (dir. Marc Dalloz), septembre 2016, 141 pages

De la mobilisation du fait à la réalisation du droit (dir. Maxime Lei et Loïc Yboud), septembre 2016, 225 pages

Les enjeux patrimoniaux de la séparation - Questions récurrentes (dir. Laetitia Antonini-Cochin), juillet 2016, 112 pages

Les aspects procéduraux du dessaisissement, Benjamin Ferrari, février 2016, 192 pages

Le droit et les sentiments (dir. Laurie Bolleri-Schenique et Delphine Lanzara), décembre 2015, 219 pages

L'erreur judiciaire : Apprendre à douter pour lutter contre les erreurs judiciaires (dir. Xavier Pin), novembre 2015, 119 pages

Fonctionnaires et droit pénal. Des justiciables comme les autres ? (dir. Marc Dalloz et Christine Courtin), septembre 2015, 226 pages

L'expertise non judiciaire à l'aune des droits fondamentaux, Thibault Goujon-Bethan, janvier 2015, 196 pages

Un art, un droit, une question – Triptyque juridico-artistique (dir. Diane Boustani, Dalida Chabri, Marion Combe, Sarah Farhi, Marie-Cécile Lasserre), octobre 2014, 210 pages

Le paiement (dir. Marc Mignot et Jérôme Lasserre Capdeville), juillet 2014, 298 pages

Le vice de procédure. Réflexions désordonnées d'un artisan du droit sur l'article 2241, alinéa 2 du Code civil, Denys Mas, juin 2014, 137 pages

Le droit de l'exécution des peines. Espoirs ou désillusion ? (dir. Fabienne Ghelfi), juin 2014, 153 pages

Variations juridiques et politiques. Clés pour la compréhension du monde contemporain (dir. Yves Strickler), novembre 2013, 354 pages

Les infractions de harcèlement, Sylvana Paradiso, octobre 2013, 94 pages

Volonté et biens (dir. Yves Strickler et Fabrice Siiriainen), juillet 2013, 352 pages

La réforme de la garde à vue (dir. Christine Courtin), janvier 2013, 124 pages

L'arbitrage, questions contemporaines (dir. Yves Strickler et Jean-Baptiste Racine), juillet 2012, 224 pages

Le prix de la rupture. Au cœur des contentieux familiaux (dir. Laetitia Antonini-Cochin et Christine Courtin), mars 2012, 112 pages

Responsables scientifiques
Joanna GENOVESE et Giovanna DEBERNARDI

Textes réunis par Joanna GENOVESE

LA PROCÉDURE

L'Harmattan

5-7, rue de l'École-Polytechnique, 75005 Paris
http://www.editions-harmattan.fr
ISBN : 978-2-343-15460-2
EAN : 9782343154602

Responsables scientifiques

Joanna GENOVESE et Giovanna DEBERNARDI

Auteurs (ordre alphabétique)

Roxanne BEL-RAMON, Doctorante au CERDP, Université Côte d'Azur

Cédric CHAPELLE, Doctorant au CERDP, Université Côte d'Azur

Giovanna DEBERNARDI, Docteur, membre du CERDP, Université Côte d'Azur

Benjamin FERRARI, Doctorant du CERDP, Université Côte d'Azur

Gwenaëlle FROMENT, Doctorante au CERDP, Université Côte d'Azur

Joanna GENOVESE, Docteur, membre du CERDP, Université Côte d'Azur

Sommaire

PREMIÈRE PARTIE

UNE PLURALITÉ DE PROCÉDURES

Avant-propos[1]

Joanna GENOVESE

> « *Ennemie jurée de l'arbitraire, la forme est la sœur jumelle de la liberté* »[2]

1. *La procédure*. Aborder un tel thème peut paraître présomptueux tant le sujet est riche et vaste. Cependant, même si ce sujet est d'une grande difficulté, il a pour avantage de mettre à l'honneur notre laboratoire le CERDP : Centre de recherche en droit des procédures[3] mais il permet aussi de s'intéresser à une matière très vaste et très technique.

2. Notre droit est composé de deux grands axes : le fonds et la forme et l'un ne va pas sans l'autre. C'est donc sur la forme que nous allons plus particulièrement attirer votre attention. En réalité, il n'est pas question de la procédure mais des procédures car chaque matière possède des règles de formes qui lui sont propres. Il est question de droit civil et de procédure civile[4], de droit pénal et de procédure pénale[5], de droit administratif[6] et de procédure administrative[7]. Certes ce sont des matières qui sont distinctes l'une étant sur le fonds, l'autre

---

[1] Le style oral de l'intervention a été conservé.

[2] Rudolf von Jhering, Juriste allemand, 1818-1892.

[3] http://cerdp.unice.fr/.

[4] À ce sujet v. par exemple : Y. STRICKLER, *Procédure civile*, Larcier, 2017, 337 pages ; N. FRICERO et P. JULIEN, *Procédure civile*, LGDJ, 2014, 496 pp ; G. CORNU et J. FOYER, *Procédure civile*, PUF, 3e éd., 1996, 800 pp.

[5] En ce qui concerne la procédure pénale on peut lire : « *Par suite, le double objet des lois de procédure consiste à organiser les autorités pénales et à réglementer leur fonctionnement. Dans ce domaine de la pénalité, les lois de forme sont inséparables des lois de fond……Le droit pénal c'est le droit de punir à l'état statique ; la procédure, c'est le droit de punir à l'état dynamique, et c'est toujours sous ce second aspect que se présente la répression et qu'elle est légitime* » : R. GARRAUD, *Traité théorique et pratique d'instruction criminelle et de procédure pénale*, Sirey, 1912-1929, tome 1, n° 1.

[6] À ce sujet v. par exemple : H. MATSOPOULOU et B. BOULOC, *Droit pénal général et procédure pénale*, 20e éd., Sirey, 2016, 700 pp ; C. AMBROISE-CASTEROT, *La procédure pénale*, Gualino, 2009, 361 pp.

[7] À titre d'exemple : R. ROUQUETTE, *Petit traité du procès administratif*, Dalloz, 2016, 1637 pp.

sur la forme, néanmoins les deux se complètent ayant pour objectif une optimisation du droit.

3. Commençons par tenter de donner une définition de la procédure. Ce terme vient du latin *procedere* qui signifie avancer, aller de l'avant. Le Vocabulaire juridique en donne la définition suivante : « *Dérivé de procéder, lat. juridique procedere : s'avancer, procéder à une action judiciaire. Branche de la science du droit ayant pour objet de déterminer les règles d'organisation judiciaire, de compétence, d'instruction des procès et d'exécution des décisions de justice et englobant la procédure administrative, civile et pénale* »[8]. La procédure permet l'accomplissement d'un formalisme particulier. De nos jours, ces différentes règles sont codifiées, et permettent à tous de pouvoir les consulter même s'il existe certaines règles qui ne sont pas écrites et qui doivent cependant être respectées à l'image des usages notamment les « usages du palais »[9]. La procédure s'applique tant dans le temps[10] que dans l'espace[11] et peut alors être comparée à une sorte de « mode d'emploi » du droit.

4. La procédure n'a pas cependant une très bonne réputation de par sa constante évolution et par son formalise particulier. Cela se constate d'ailleurs à toutes les époques. Dans les *Plaideurs* de Racine, ne peut-on pas lire que la procédure est une course d'obstacles ?[12] Elle serait d'ailleurs pour certains « *l'apanage des plaideurs mesquins, de ceux dont on dit qu'ils utilisent précisément toutes les armes de la procédure, parce que leur cause est mal engagée au fond* »[13]. La procédure est également mal perçue par les justiciables car dans le terme utilisé on entraperçoit la notion de procès ce qui a tendance à les effrayer. De plus, la médiatisation de certains procès comportant des erreurs de procédure a détérioré la vision de celle-ci. D'ailleurs, même

---

[8] G. CORNU, *Vocabulaire juridique*, 10e éd., PUF, 2014, p. 809.

[9] Ch.-J.-A. BIOCHE et Ch. GOUJET, *Dictionnaire de procédure civile et commerciale*, Vol. 1, Videcoq, 1839 : « *Les usages du Palais, ou les modifications introduites par la pratique dans la conduite des affaires* » .

[10] La procédure s'applique dans le temps et définit notamment les différents délais à appliquer.

[11] En réglementant les attributions et le fonctionnement des diverses juridictions.

[12] À ce sujet v. S. GUINCHARD, C. CHAINAIS et F. FERRAND, *Procédure civile, Droit interne et droit de l'Union européenne*, Dalloz, 2014, p. 34.

[13] J. VINCENT et S. GUINCHARD, *Procédure civile*, Dalloz, 25e éd., 1999, p. 1.

les termes dérivant de ce mot ont souvent une connotation négative notamment lorsqu'il est question par exemple d'une personne procédurière. La procédure est donc perçue, pour bon nombre de justiciables, comme une difficulté supplémentaire avant de pouvoir obtenir réparation. Pour qui sait s'en servir, la procédure est alors « *une corde pour étrangler l'homme inexpérimenté* »[14].

5. Cependant, cette idée négative est surfaite car, en réalité, la procédure est essentielle au droit. Elle permet d'ailleurs de garantir les droits des individus :« *tout est procédure et à l'inverse, ne s'intéresser au droit substantiel sans prolongement vers le droit procédural, c'est s'amputer d'une dimension intellectuelle certaine, c'est une apprendre le solfège sans jamais jouer d'un instrument de musique* »[15]. La procédure permet de vérifier « la régularité ou l'irrégularité de certaines situations »[16], d'assurer une sécurité et d'engendrer une forme de paix sociale. La procédure est donc « le droit qui donne accès au droit »[17].

6. De nos jours, l'on constate que le droit et la procédure évoluent constamment et il n'est pas toujours aisé tant pour le justiciable que pour le personnel judiciaire de toute maîtriser et c'est tout l'enjeu et l'intérêt de ce colloque : montrer l'évolution et les modifications actuelles de la procédure. De prime abord, les interventions des doctorants semblent hétéroclites tant les contributions sont variées ce qui prouve toute la richesse et la difficulté de ce thème. Pourtant en réalité, deux grands axes sont apparus. Cela a été matérialisé par trois jeunes chercheurs qui vont aborder les liens unissant les différentes procédures. Monsieur Benjamin Ferrari, doctorant en droit privé dont le sujet de thèse est *Le dessaisissement du débiteur en procédures collectives* va s'interroger sur *la Procédure civile et les procédures collectives : relations conflictuelles ?* Monsieur Cédric Chapelle, doctorant en droit privé dont le sujet de thèse est *L'expertise civile à l'aune des droits fondamentaux* va aborder devant vous *la question du contrôle de proportionnalité entre le droit à la preuve et le respect de*

---

[14] R. VON JHERING, *L'esprit du droit romain*, t. III, 1887, n° 50, p. 173.
[15] *Préc.*, p. 12.
[16] J. VINCENT et S. GUINCHARD, *op.cit.*, p. 13.
[17] X. PHILIPPE et E. PUTMAN, RTD civ., 1994, p. 484 *in* S. GUINCHARD, C. CHAINAIS et F. FERRAND, *Procédure civile, Droit interne et droit de l'Union européenne*, Dalloz.

la vie privée. Mme Roxanne Bel-Ramon doctorante en droit privé dont le sujet de thèse s'intitule *Spéculation et droit pénal* s'intéressera, quant à elle à *La procédure en matière de délits boursiers : entre singularité et originalité*. À travers leurs riches interventions, nous allons nous apercevoir que les liens entre les procédures sont de plus en plus nombreux et qu'il existe une sorte de « duel des procédures » mais dont le but final doit toujours être le respect des libertés et des droits fondamentaux de chaque individu.

7. D'autres jeunes chercheurs ont constaté une évolution importante : la procédure se dématérialise et se déjudiciarise. L'on assiste à une métamorphose de celle-ci[18].
En effet, la procédure se dématérialise progressivement ce qui demande aux professionnels du droit une adaptation rapide et à un changement dans leur pratique. Mme Giovanna Debernnardi, docteur en droit privé abordera cette problématique à travers *la procédure à l'épreuve de la dématérialisation*. Face à cette dématérialisation, il existe également un autre changement majeur : la déjudiciarisation. Cette déjudiciarisation est constatée dans de nombreux domaines et Mme Caitline Kaigl, doctorante en droit privé dont le sujet de thèse est *le Surendettement des particuliers et procès équitable*, traitera d*es apports de la loi du 18 novembre 2016 en matière de surendettement des particuliers*. Mme Gwenaelle Froment, également doctorante en droit privé dont le sujet de thèse est *l'enfant et ses juges* traitera, quant à elle, de *la nouvelle procédure de divorce par consentement mutuel : déjudiciarisation d'une procédure*. La procédure est donc un thème très florissant et chaque doctorant a eu à cœur de montrer le fruit de ses recherches dans sa spécialité avec panache et dynamisme.

8. Avant de leur laisser la parole qu'ils attendent avec impatience, je tiens à remercier Monsieur le Professeur Yves Strickler et Madame Laetitia Antonini Cochin qui sont à l'origine du colloque des doctorants, créé en 2012[19]. Je remercie également Monsieur

[18] Pour une vision plus générale des métamorphoses de la procédure civile, v : S. GUINCHARD, « Les métamorphoses de la procédure civile à l'aube du troisième millénaire » *in Mélanges* Université Paris II, Clé pour le siècle, Dalloz, 2000, p. 1135.

[19] Depuis 2012, différentes éditions du colloque des doctorants du CERDP ont eu lieu et ont été publiées. En 2013, le colloque a été publié *in Variations juridiques et*

le Professeur Mathias Latina pour son soutien. Je tiens également à remercier Madame Christine Gailhbaud qui a accepté la supervision de ce 4e colloque des doctorants. Un grand merci à Maître Adrien Mignone, avocat au barreau de Nice, qui nous a fait l'honneur de présider ce colloque et de le clôturer. Nous adressons également nos remerciements à Monsieur Thibault Gougeon Bentham, président de l'ADEAC, et bien sûr un grand merci aux intervenants qui se sont investis avec entrain et passion durant ces mois passés. Et plus généralement un grand merci à l'ensemble des enseignants et doctorants de la Faculté de droit de Nice et une mention spéciale pour Madame Ghislaine Goiran qui nous apporte toujours au fil des ans une aide extrêmement précieuse et plus généralement un grand merci à vous tous qui êtes venus encourager ces jeunes chercheurs.

---

politiques. Clés pour la compréhension du monde contemporain, dir. Y. STRICKLER, l'Harmattan, coll. « Droit privé et sciences criminelles », 2013, p. 287-354. En 2014 : *Un art, un droit, une question, triptyque juridico-artistique*, sous la direction de D. BOUSTANI, D. CHABRI, M. COMBE, S. FARHI et M.-C. LASSERRE, l'Harmattan, 2014, 210 pp. En 2015 : *Le droit et les sentiments*, sous la direction de L. BOLLERI-SCHENIQUE et D. LANZARA, l'Harmattan, 2015, 219 pp.

Procédure civile et procédures collectives : relation conflictuelle ?

Benjamin FERRARI

Comment peut-on qualifier la relation entretenue entre la procédure et les procédures collectives ? Dans l'inconscient du juriste, le droit des entreprises en difficulté déroge nécessairement au droit commun. Dans ces conditions, la procédure civile ne saurait échapper au rouleau compresseur du droit de la faillite. Est-ce pour autant exact ? L'étude va tendre à démontrer que tout en adoptant une approche particulière des règles de procédure, le droit des entreprises en difficulté n'y déroge pas. En outre, il demeure soumis à certains impératifs jugés supérieurs. Ainsi, loin du conflit, la relation pourra finalement être qualifiée d'« originale ».

1. Approche intuitive. Procédure civile et procédures collectives, deux *« faux-amis »*[1] que tout semble opposer : un singulier et un pluriel[2], une approche individuelle d'un côté, une approche collectivisée de l'autre, un droit si célèbre et omniprésent, d'une part, si dérogatoire et effrayant, d'autre part. Intuitivement, l'affaire semble entendue et la relation ne saurait être qualifiée autrement que par le conflit.

2. Réalité de l'approche. Laissons de côté ces vieilles habitudes et détachons-nous de cette approche. L'étude de l'interaction entre ces deux droits n'est pas courante et relativement peu de travaux y ont été consacrés[3]. Pourtant, les aspects procéduraux de la matière sont au cœur du droit des entreprises en difficulté. N'oublions pas

---

[1] J.-L. VALLENS, « Procédure civile et procédures collectives : Les faux-amis », *in mél.* A. HONORAT, éd. A. FRISON-ROCHE, 2000, p. 245.
[2] C. SAINT-ALARY-HOUIN, « Rapport de synthèse : procédure civile et procédures collectives », *LPA*, 28 nov. 2008, n° 239, p. 89, n° 3.
[3] O. STAES, *Procédures collectives et droit judiciaire privé*, th. Toulouse, 1994 – P. CAGNOLI, *Essai d'analyse processuelle du droit des entreprises en difficulté*, LGDJ, 2002, T. 368 – « Procédure civile et procédure collective », colloque du CRAJEFE, 2008, *LPA* 28 nov. 2008, n° 239 – N. FRICERO, « Procédure civile et droit des entreprises en difficulté », *in Entreprises en difficulté*, dir. Ph. ROUSSEL-GALLE, 2012, p. 433 et s.

qu'*« en droit des entreprises en difficulté, tout est procédure »*[4]. Quand bien même les traits caractéristiques des deux droits sont fondamentalement différents, il n'en demeure pas moins que l'essence de la procédure civile est de s'adapter à la matière au sein de laquelle elle intervient. Nous pressentons ici une première raison de penser que la relation n'est pas si conflictuelle que ce qui est habituellement présenté. Quelle que soit la matière visée, le droit substantiel défendu impacte directement les moyens de l'action en justice liée. Les procédures collectives ne font pas exceptions à la règle. Simplement, en raison de leurs particularités, l'adaptation des règles processuelles doit être telle qu'elle revêt l'apparence d'un conflit.

3. Les « contentieux spéciaux » du droit des entreprises en difficulté. Les aspects procéduraux de la matière sont omniprésents. Plus particulièrement, les interactions avec les règles de la procédure civile se retrouvent systématiquement dans le plus grand nombre de contentieux dits « spéciaux » du droit des entreprises en difficultés. Ces contentieux ont été qualifiés de *« mini-procès qui ont lieu dans le cadre général de la sauvegarde, du redressement et de la liquidation judiciaires »*[5]. Ces bulles procédurales du traitement de la défaillance ne pourront être traitées. Par exemple, nous aurions pu parler du contentieux de la déclaration de créance et des décisions du juge-commissaire[6], du contentieux des actions en responsabilité[7], du contentieux lié aux expertises et autres mesures d'instruction[8], ou encore du contentieux de la

[4] C. SAINT-ALARY-HOUIN, « Rapport de synthèse : procédure civile et procédures collectives », *préc.*, n° 4.
[5] C. SAINT-ALARY-HOUIN, « Rapport de synthèse : procédure civile et procédures collectives », *préc.*, n° 3.
[6] Et notamment sur la problématique de sa nature d'action en justice ou non : P.-M. LE CORRE, « Déclaration, vérification, admission des créances et procédure civile », *LPA* 28 nov. 2008, n° 239, p. 72. Et l'évolution de la question : P.-M. LE CORRE, « Vers une nouvelle analyse de la déclaration de créance », *Gaz. Pal.* 21 juill. 2015, n° 200, p. 5.
[7] Ph. ROUSSEL-GALLE, « La procédure civile dans les responsabilités et les sanctions civiles », *LPA* 28 nov. 2008, n° 239, p. 80.
[8] N. FRICERO, « Procédure civile et droit des entreprises en difficulté », *préc.*, n° 1044 et s.

propriété[9]. Au contraire, une approche générale des règles de la procédure civile dans les procédures collectives sera favorisée pour répondre au mieux à notre problématique. Néanmoins, sur ce point également, concédons encore que l'étude ne saurait être exhaustive. Nous n'évoquerons pas les règles de compétence territoriales et matérielles[10], le fameux principe de l'exécution de plein droit à titre provisoire[11] ou encore des principes gouvernant la publicité des débats et des jugements[12]. Loin d'être un échec, ces concessions témoignent de la richesse du sujet, qui à n'en pas douter mériterait un ouvrage à part entière !

4. De la dérogation à l'originalité. Comment qualifier le rapport entre la procédure civile et les procédures collectives ? Évidemment, le premier mot qui vient à l'esprit est le caractère « conflictuel » de cette relation. Toutefois, le terme n'est pas exact et cette caractéristique tend à s'atténuer. Déjà en 2008, madame SAINT-ALARY-HOUIN reconnaissait que *« l'évolution est nette dans le sens d'une conciliation des impératifs de la procédure civile et de la procédure collective »*[13]. Les sources de ce rééquilibrage sont triples : le droit européen des droits de l'Homme, la loi et la jurisprudence[14]. Dans ces conditions, qualifier de « conflictuelle » la relation entre ces deux droits semble être un raccourci rapide

---

9 F. PEROCHON, « La procédure des revendications et des restitutions dans les procédures collectives », *LPA* 28 nov. 2008, n° 239, p. 56.

10 J.-L. ADDA et P. CAGNOLI, « Le renouveau des juridictions », *Rev. Proc. Coll.* 2017/4, ét 2. - N. FRICERO, « Procédure civile et droit des entreprises en difficulté », *préc.*, n° 1032 et s. – P.-M. LE CORRE, *Droit et pratique des procédures collectives*, Dalloz Action, 9e éd., 2017-2018, n° 232.11 et s. D'autant que ces problématiques ont un lien direct avec le traitement de l'insolvabilité des groupes en droit européen. *V.* sur la question, J. THÉRON, « Les nouveaux moyens procéduraux », *Rev. Proc. Coll.* 2017/4, ét. 11, sp. n° 10 et s.

11 N. FRICERO, « Procédure civile et droit des entreprises en difficulté », *préc.*, n° 1048 et s. – P.-M. LE CORRE, *op. cit.*, n° 234.11 à n° 234.26. Sur la récente modification quant à la nature de l'appel du ministère public v. art. 99 - L. n° 2016-1547 ; Art. L. 661-6 comp. C. com.

12 N. FRICERO, « Procédure civile et entreprises en difficulté », *préc.*, n° 1038 et s.

13 C. SAINT-ALARY-HOUIN, « rapport de synthèse : procédure civile et procédures collectives », *préc.*, n° 7.

14 Ph. DELMOTTE, « L'accès au juge dans les procédure collectives », *LPA* 28 nov. 2008, n° 239, p. 50.

et faux, tant les tentatives de conciliation et les évolutions en la matière ont été nombreuses[15].

Le terme de *« dérogation »*, à la consonance péjorative, n'est guère flatteur, mais il reflète bien mieux le lien entre la procédure civile et le droit des entreprises en difficulté. Cependant, il n'est pas vraiment plus satisfaisant, car déroger a pour synonyme : violer, contrevenir, déchoir, descendre, enfreindre et transgresser[16]. Rien que ça ! Au contraire, le qualificatif *« original »* est plus approprié à la conception que nous allons tenter d'adopter de la relation entretenue entre le droit des entreprises en difficulté et la procédure civile. Toutefois, cette affirmation est insuffisante. Les questions restent nombreuses : pourquoi admettre une telle restriction des voies de recours ? Pourquoi y-aurait-il autant d'intérêts antagonistes alors que si peu d'acteurs se voient reconnaître la qualité de partie ? Plus concrètement, comment cette originalité se traduit-elle ?

Un complexe numéro d'équilibriste attend le législateur lorsqu'il s'agit de traiter des aspects procéduraux du droit des entreprises en difficulté. D'un côté, la procédure civile avec l'idée force de *« ménager aux mieux les droits de la défense des justiciables »*[17], d'un autre côté, la procédure collective où doit régner *« discrétion, rapidité, et certitudes sur le sort des décisions rendues »*[18]. Nous verrons que ces spécificités, sans disparaître totalement, tendent à s'atténuer[19].

5. L'originalité et ses limites. Le droit des entreprises en difficulté se caractérise par l'objectivisation du contentieux qu'il produit[20]. Le juge y exerce *« une magistrature économique qui le conduit*

---

[15] *V.* en ce sens, N. FRICERO, « La procédure civile dans les procédures collectives : entre clarification et bouleversement », *Gaz. Pal.* 7 mars 2009, n° 66, p. 16.

[16] http://www.larousse.fr/dictionnaires/francais/déroger/24093/synonyme

[17] P. CAGNOLI, « La qualité pour agir, questions procédurales », *Rev. Proc. Coll.* 2006/2, p. 209.

[18] *Ibid.*

[19] *Ibid.*

[20] C. SAINT-ALARY-HOUIN, « Rapport de synthèse : procédure civile et procédures collectives », *préc.*, n° 4.

à prendre des décisions de gestion et à exercer des choix économiques fondamentaux »[21]. Le procès économique justifie l'adoption de décisions dépassant la seule opposition des parties[22]. Dès lors, ces éléments justifient le caractère original (I) des règles procédurales du droit des entreprises en difficulté. Toutefois, cette originalité comporte des limites (II) qui se traduisent, notamment, par l'atténuation des spécificités de la matière.

I. LE CARACTERE ORIGINAL

6. Prisme de l'originalité. La délimitation du sujet est périlleuse. Comment traduire au mieux l'originalité du droit des entreprises en difficulté ? Nous pourrions lister l'ensemble des particularités de la matière. Néanmoins, la tâche s'annonce particulièrement rébarbative et ne semble pas véritablement suffisante à traduire l'originalité procédurale du droit des entreprises en difficulté. Au mieux, elle ne ferait que reprendre les développements pédagogiques des ouvrages de référence en la matière[23]. Pourquoi ne pas rechercher une approche plus globale et transversale ? Ainsi, serait-il opportun de s'interroger sur les destinataires des règles procédurales : les acteurs de la procédure. Dans le meilleur des cas, les acteurs de la procédure seraient les personnes que l'on peut, en procédure civile, qualifier de « parties ». Or, le droit des entreprises en difficulté semble générer sa propre notion de partie (A). Il s'agit là de la première originalité. Ensuite, tout en étant identifiées comme telles, certaines parties ne peuvent directement s'exprimer au sein de la procédure ou bien, à l'extrême inverse, sont dotées de prérogatives « extraordinaires ». Ainsi, l'action des parties incarne la seconde originalité procédurale (B).

---

[21] M. VASSEUR, « Le crédit menacé », *JCP E* 1985. I. 14569.

[22] C. SAINT-ALARY-HOUIN, « Rapport de synthèse : procédure civile et procédures collectives », *préc.*, n°4.

[23] F. PEROCHON, *Entreprises en difficulté*, LGDJ, 2014, 10e éd., n° 541 et s.; P.-M. LE CORRE, *op. cit.*, n° 320.00 à 323.81 concernant les voies de recours sur les décisions du tribunal de la faillite, n° 330.00 à 333.33 concernant le juge-commissaire et les voies de recours sur ses décisions, n° 340.00 à 340.33 concernant le ministère public.

A. L'ORIGINALITÉ DANS LA NOTION DE PARTIE

7. Recherche des parties. La spécificité des aspects procéduraux du droit des entreprises en difficulté se cristallise, notamment, autour de la notion de partie. Concédons immédiatement qu'elle ne sera appréhendée que sous l'angle restreint du droit des procédures collectives[24]. La problématique à ce stade est de savoir si le traitement des difficultés de l'entreprise se concilie avec la notion de partie habituellement appréhendée par la procédure civile[25]. Autant l'affirmer immédiatement, la réponse est négative. Au contraire, le contentieux de la défaillance d'entreprise et le rôle du juge en la matière conduisent à l'adoption d'une notion de partie propre[26] au droit des procédures collectives (1). Cette approche permet ensuite d'expliquer les spécificités de la maîtrise de l'instance en droit des entreprises en difficulté (2).

1) Une conception particulière de la notion de partie

8. Questions délicates liées à la nature du contentieux. Notion incontournable de la procédure civile, le législateur n'a cependant pas pris le soin de la définir. Dans ces conditions, il n'est pas étonnant que l'identification des parties en procédure collective soit extrêmement délicate. Dans son acception la plus classique, est une partie la personne qui émet une prétention[27]. Or, le droit des

---

[24] Dans la matière processuelle : Ph. CHEVALIER, *Parties à l'instance*, *J.-Cl. Pr. Civ.* fasc. 105 ; F. BUSSY, « La notion de partie à l'instance en procédure civile », *D.* 2003. 1376 ; Y.-M. SERINET, « la qualité du défendeur », *RTD. civ.* 2003. 203 ; F. FOURMENT et J. THÉRON, « La notion de partie – double regard », *in Procédure civile et procédure pénale : unité et diversité ?*, dir. S. AMRANI-MEKKI, éd. Bruylant, coll. Procédure(s), 2014, p. 109 et s. - J. THÉRON, « ordre et désordre dans la notion de partie », *RTD. civ.* 2014. 231 ; En droit des entreprises en difficulté : P. CAGNOLI, *op. cit.*, sp. n° 203 et s. ; O. STAES, *op. cit.*, n° 282 et s. ; F. DERRIDA, « La notion de partie dans les décisions relatives au redressement et à la liquidation judiciaire des entreprises », *D.* 1989. 77.

[25] O. STAES, *op. cit.*, n° 260.

[26] O. STAES, *op. cit.*, n° 260.

[27] H. SOLUS et R. PERROT, *Droit judiciaire privé*, t. 3, *Procédure de première instance*, Sirey 1991, n° 9 et s. Par ailleurs, la Cour de cassation fait de l'émission d'une prétention la condition de l'attribution de la qualité de partie : Com. 22 mars 1988 ; *D.* 1988. 375, note F. DERRIDA et P. JULIEN ; *Rev. Proc. Coll.* 1989, p. 40, n° 3, obs. L. CADIET ; *RJ com.* 1988, p. 309, note C.-H. GALLET.

entreprises en difficulté bouleverse la matière, car certains sujets de droit, sans formuler de « prétentions », n'en sont pas moins intéressés par les décisions rendues sur le sort de l'entreprise[28]. Pour s'en convaincre, certains acteurs de la procédure peuvent interjeter appel, être entendus, être convoqués ou bien encore reçoivent notification de certaines décisions, alors qu'ils ne formulent pas de prétentions à l'instance[29]. Selon certains auteurs, ces prérogatives traduisent la volonté du législateur de conférer à ces sujets de droit la qualité de partie[30]. Selon nous, une vision moins fonctionnelle de la notion doit être adoptée. Aussi, la qualification de « partie » pourrait être découverte grâce à la nature du contentieux et au rôle du juge en la matière.

9. La nature du contentieux. Classiquement, une partie est la personne liée à l'instance par l'existence d'un litige[31]. Selon SOLUS et PERROT, *« le principe qui veut que le litige privé soit un contentieux entre parties se rattache au fondement subjectif de l'action en justice. Dans un contentieux à fondement objectif où le recours au juge tend à assurer le respect de la légalité, la personnalité des parties en cause tend à s'estomper, voire même à disparaître en certaines circonstances »*[32]. Puisque le juge exerce une magistrature économique et que le droit des entreprises en difficulté est, par essence, un contentieux objectif, il est normal sinon logique que la notion de partie soit difficile à saisir[33]. Le caractère objectif du contentieux conduit à réduire à néant l'existence d'un litige entendu comme un conflit intersubjectif entre deux personnes. Dès lors, en l'absence de litige, pourquoi ne pas aller jusqu'à affirmer qu'il serait impossible de *« distinguer les parties des tiers »*[34] ?

[28] P. CAGNOLI, *op. cit.*, n° 203.
[29] P. CAGNOLI, *op. cit.*, n° 203.
[30] F. DERRIDA, « La notion de partie dans les décisions relatives au redressement et à la liquidation judiciaires des entreprises », *art. cit. prec.* ; O. BARRET, « L'appel-nullité dans le droit commun de la procédure civile », *RTD. civ.* 1989. 199 et s., n° 16.
[31] J. THÉRON, « Ordre et désordre dans la notion de partie », *préc.*, n° 8.
[32] H. SOLUS et R. PERROT, *op. cit.*, n° 10.
[33] P. CAGNOLI, *op. cit.*, n°166 et s. – O. STAES, *op. cit.*, n° 281 et s.
[34] J. THÉRON, « Ordre et désordre dans la notion de partie », *préc.*, n° 8.

L'absence de litige ne signifie pas que le rôle du juge est limité à un simple contrôle de la légalité[35]. Selon monsieur THÉRON, son rôle est de mettre un terme aux contestations dont il est saisi. En cela, il remédie aux risques de lésions se présentant entre les différents intérêts représentés[36], ce qui est le cas en droit des entreprises en difficulté.

10. Présences de contestation. Qu'entend l'auteur par contestation ? D'une façon générale, le propre du juge est la résolution des conflits. Or, ces conflits ne sont pas tous la résultante *« de l'atteinte aux droits d'une personne par une autre »*[37]. En revanche, cela résulte constamment d'un déséquilibre dans la répartition de ce qui est dû à chacun[38]. Ce déséquilibre est la source du conflit. Le juge doit l'atteindre pour mettre fin à la contestation[39]. Quel que soit le stade de la procédure, une multitude d'intérêts se rencontrent. Aussi, il n'y a jamais véritablement d'opposition entre deux personnes ou deux intérêts déterminés. Le juge doit constamment prendre en considération une multitude d'intérêts dont notamment celui de l'entreprise. Nous ne pouvons faire plus abstrait ! À la différence d'un « litige » au sens strict du terme, il n'intervient pas en réaction à une personne qui aurait eu plus que sa part par rapport à une autre. Au contraire, l'intervention du juge ne se fait que pour mettre fin au déséquilibre exclusivement causé par le contexte objectif de la défaillance d'entreprise[40]. Cette vision très spécifique du contentieux est décisive à la notion de partie que nous tentons d'adopter.

11. Les discussions sur la notion. La notion de partie aux instances du droit des entreprises en difficulté ne découle pas de la nature des choses. Plusieurs conceptions doctrinales ont été élaborées[41] :

---

[35] *Ibid.*
[36] *Ibid.*
[37] J. THÉRON, « Ordre et désordre dans la notion de partie », *préc.*, n° 9.
[38] J. THÉRON, L'intervention du juge dans les transmissions de biens, LGDJ, 2008, n°184 et s., sp. n° 198.
[39] J. THÉRON, « Ordre et désordre dans la notion de partie », *préc.*, n° 9.
[40] *Ibid.*
[41] O. STAES, *op. cit.*, n° 261. L'auteur fournie une multitude d'exemples.

les notions de partie virtuelle[42], la notion de partie à éclipse[43]s ou bien encore, le simple constat selon lequel certaines personnes ne sont ni des parties ni des tiers[44]. Un autre auteur distingue les personnes ayant la qualité de parties selon l'instance en question. D'une part, celles qui ont pour objet le traitement de l'entreprise et d'autre part, celles qui ont pour objet les droits subjectifs de particuliers[45]. Pour ces dernières, aucun problème ne se pose et est une partie la personne qui fait valoir une prétention. Au contraire, pour les instances ayant trait au traitement de l'entreprise, les personnes dont l'intérêt est associé à l'intérêt de l'entreprise sont des parties nécessaires[46]. Cette dernière notion va retenir notre attention. Selon Pierre CAGNOLI, la « partie nécessaire » [47] est la personne qui va *« émettre une prétention ou, à défaut, la subir ou en profiter directement »*[48]. Mettons en lien cette définition avec le rôle du juge et la nature du contentieux précédemment développé. La qualité de partie doit être attribuée à celle qui est atteinte par le déséquilibre causé par les difficultés de l'entreprise[49]. Si la prétention est émise, subie ou profite à la personne, ce n'est qu'exclusivement dû au déséquilibre causé par la défaillance de l'entreprise.

12. Les critères de la notion. Dit autrement, le constat d'un déséquilibre dans « la répartition de ce qui est dû est chacun » est suffisant à qualifier un sujet de droit comme partie à l'instance. La personne doit subir ou profiter du déséquilibre objectif de la défaillance. Dans ces conditions, quand bien même elle ne formulerait pas de prétention, elle serait néanmoins qualifiée de partie. Par hypothèse, chacune de ces « parties » peut exercer un recours dès

---

[42] M. CABRILLAC, « Les aspects procéduraux du redressement et de la liquidation judiciaires des entreprises », *Gaz. Pal.* 1987. I. 180 – O. BARRET, « L'appel nullité (dans le droit commun de la procédure) », *préc.*, n° 16.
[43] M. CABRILLAC et D. VIVANT, *JCP G* 1988. II. 15209, n° 8.
[44] A. ARSEGUEL, « Aspects généraux du contentieux prud'homal relatif aux créances salariales depuis la loi du 25 janvier 1985 », *Droit social* 1987, p. 807, sp. 819.
[45] D. MELEDO-BRIAND, *Nature du droit des entreprises en difficulté et systèmes de droit*, th. Rennes, 1992 n° 456 et n° 460 ; O. STAES, *op. cit.*, n° 300.
[46] D. MELEDO-BRIAND, *op. cit.*, n° 456 et n° 460 ; O. STAES, *op. cit.*, n° 300.
[47] La paternité de la notion de partie nécessaire revient au doyen HOUIN : R. HOUIN, obs. ss. Com. 23 mai 1966 ; *RTD. com.* 1966. 1012, n° 21.
[48] P. CAGNOLI, *op. cit.*, n° 210.
[49] J. THÉRON, « Ordre et désordre dans la notion de partie », *préc.*, n° 9.

lors qu'elles estiment que le tribunal de la faillite n'a pas mis fin aux « déséquilibres »[50]. Toutefois, ce déséquilibre doit exclusivement résulter des difficultés de l'entreprise. Le propos permettrait d'expliquer que le débiteur, les créanciers par l'intermédiaire du mandataire, le ministère public et les instances représentatives du personnel soient cités comme personnes titulaires des voies de recours sur les « grandes » décisions d'orientation des procédures des articles L. 661-1 et suivants du Code de commerce. Au contraire, lorsqu'une personne n'est pas partie au déséquilibre puisqu'elle ne subit pas directement les difficultés, elle n'est pas une partie nécessaire[51]. Tel est le cas du candidat repreneur évincé[52]. La qualité de partie ne peut lui être octroyée. Il n'est pas directement atteint par les difficultés de l'entreprise, quand bien même il aurait été auditionné[53]. De surcroît, les candidats à la reprise *« ne font pas leur proposition dans le but de voir réparer une atteinte qu'ils subissaient dans leurs droits et qu'ils espèrent voir réparer par le jugement »*[54].

13. De la notion de partie à la maîtrise de l'instance. Si la notion de partie se détache de celle communément admise en procédure civile, il est ensuite logique qu'il en soit de même à propos de la maîtrise de l'instance. En effet, les parties au sens du droit des entreprises en difficulté n'ont logiquement pas la même maîtrise de l'instance que des parties à un litige au sens classique du terme.

---

[50] J. THÉRON, « Ordre et désordre dans la notion de partie », *préc.*, n° 10

[51] *Ibid.*

[52] L. 661-6-III c. com. Seul le candidat repreneur dont l'offre a été retenue et dans le cas où le tribunal lui a imposé des charges supplémentaires peut faire appel. Néanmoins, cela ne signifie pas pour autant qu'il acquiert la qualité de partie. S'il peut faire appel, ce n'est qu'en raison du grief subit. Il n'est pas directement impacté par le déséquilibre causé par les difficultés. Selon Monsieur THÉRON, la philosophie de cette voie de recours répond plus d'un cas de tierce-opposition que d'un appel.

[53] *V.* toutefois *contra* P. CAGNOLI, *op. cit.*, n° 207 : ce n'est pas parce qu'une offre de reprise n'a pas été retenue qu'elle n'était pas formulée pour le traitement de la défaillance. Dans cette optique, le candidat repreneur subit bien un déséquilibre issu des difficultés de l'entreprise. Cela démontre bien que la notion sera *a priori* éternellement sujette à controverses.

[54] J. THÉRON, « Ordre et désordre dans la notion de partie », *préc.*, n° 10.

2) *L'impact sur la maîtrise de l'instance*

14. Le procès chose des parties. La magistrature économique du juge implique qu'à la différence d'un litige « classique et bilatérale », les parties ne sont pas maîtres de l'instance. Ce défaut de maîtrise conduit, en premier lieu, à un recul du principe accusatoire d'initiative procédurale[55]. Dans une première approximation, lorsqu'elle n'a pas pris l'initiative de l'instance, chaque personne qualifiée de partie se retrouve dans la situation procédurale d'un défendeur à un litige[56]. En revanche, la comparaison s'arrête ici puisqu'elles ne sont pas à proprement parler dans une position de défense[57]. Au contraire, il est possible de considérer que *« chacune de ces parties est en quelque sorte créancière du jugement attendu »*[58]. Elles espèrent que leurs intérêts seront le moins lésés possible[59]. Or, ceci s'explique par le fait que le juge est saisi pour une matière qui n'est pas « la chose des parties ». Au contraire, dans le cadre d'un litige, si les parties n'agissent pas, cela ne regarde que leurs intérêts privés[60]. Tel n'est pas le cas en présence d'une entreprise en difficulté. Si le débiteur ou les créanciers n'agissent pas, cette inaction n'estompe pas l'atteinte à la paix sociale[61]. Ceci permet d'expliquer, en second lieu, le recul du principe dispositif. En principe, le juge ne peut modifier les prétentions des parties ou retenir des faits non placés dans le débat[62]. Ces deux éléments s'accommodent mal aux objectifs du droit des entreprises en difficulté : célérité et efficacité. Par conséquent, la nature objective du contentieux conduit à *« un office du juge dérogatoire au droit commun »*[63]. Le même constat peut être établi à propos de la notion d'autorité de chose jugée qui subit,

---

[55] O. STAES, *op. cit.* – N. FRICERO, « Procédure civile et droit des entreprises en difficulté », *préc.*, n° 1028.
[56] J. THÉRON, « Ordre et désordre dans la notion de partie », *préc.*, n° 11.
[57] J. THÉRON, « Ordre et désordre dans la notion de partie », *préc.*, n° 12.
[58] *Ibid.*
[59] *Ibid.*
[60] *Ibid.*
[61] J. THÉRON, « Ordre et désordre dans la notion de partie », *préc.*, n° 12 – Peut-être, est-ce la raison pour laquelle le Tribunal pouvait se saisir d'office et ce, sans porter atteinte au principe *« nul ne peut être à la fois juge et partie »* ?
[62] N. FRICERO, « Procédure civile et droit des entreprises en difficulté », *préc.*, n° 1028.
[63] *Ibid.*

elle aussi, une distorsion justifiée par le droit des entreprises en difficulté.

15. Particularité de l'autorité de la chose jugée. En principe, l'autorité de la chose jugée joue lorsqu'il y a identité de cause, d'objet et de partie[64]. Or, puisque le droit des entreprises en difficulté est un contentieux objectif, l'autorité de la chose jugée est limitée à l'objet, entendu comme la méthode employée pour remédier aux difficultés, et à la cause du jugement, précisément, les difficultés ayant conduit le juge à se prononcer[65]. Par conséquent, l'identité des parties semble indépendante de l'autorité de la chose jugée des décisions en droit des entreprises en difficulté[66].

16. De la notion à l'action. Au demeurant, la problématique de l'identification des parties se pose surtout pour les instances statuant sur le sort de l'entreprise. Au contraire, aucune difficulté n'apparaît lorsqu'il est question d'un « contentieux spécial », comme par exemple, une action en revendication ou une contestation de déclaration de créance. Dans ces cas, les parties sont « clairement » identifiées. Plus largement, selon Julien THÉRON, *« dans le contentieux objectif que constitue le droit des entreprises en difficulté, il n'y a pas de dérogation au principe selon lequel les parties à l'instance sont parties au déséquilibre tranché par le juge »*[67].

L'idée générale est à approuver, néanmoins, elle doit être nuancée. Certes, les parties à l'instance sont les parties à la contestation. Toutefois, cela ne signifie pas que l'intérêt individuel de ces parties puisse librement s'exprimer. Par conséquent, l'action des parties constitue la seconde originalité procédurale du droit des entreprises en difficulté.

---

[64] Art. 1355 c. civ. : « *L'autorité de la chose jugée n'a lieu qu'à l'égard de ce qui a fait l'objet du jugement. Il faut que la chose demandée soit la même ; que la demande soit fondée sur la même cause ; que la demande soit entre les mêmes parties, et formée par elles et contre elles en la même qualité* ».

[65] J. THÉRON, « Ordre et désordre dans la notion de partie », *préc.*, n° 13.

[66] Ass. Plén. 10 avr. 2009, n° 08-10154, Bull. Ass. Plén., n° 4 ; *Act. Proc. Coll.* 2009/9, n° 141, note P. CAGNOLI.

[67] J. THÉRON, « Ordre et désordre dans la notion de partie », *préc.*, n° 13.

B. L'ORIGINALITÉ DANS L'ACTION DES PARTIES

17. La problématique de la qualité à agir. La question de la qualité à agir se pose avec une particulière acuité en droit des entreprises en difficulté. S'il y a effectivement des restrictions à l'action, ces dernières sont justifiées par la nature objective du contentieux et ses finalités. Toutefois, ces limitations ne concernent que des intérêts particuliers (1). Au contraire, l'enjeu d'ordre public des procédures collectives conduit à une prise en compte renforcée de l'intérêt général (2).

1) L'action limitée des intérêts particuliers

18. Créanciers et débiteur. Certains créanciers et, dans une certaine mesure, le débiteur voient indéniablement leur droit d'action personnelle limité par l'ouverture de la procédure. Cependant, cela ne signifie pas que leurs intérêts ne sont pas pris en compte. L'originalité procédurale du droit des entreprises en difficulté conduit à un « filtrage » de ces intérêts particuliers par une habilitation à agir conférée à un mandataire.

19. Les créanciers. En raison du caractère collectif des procédures, certains créanciers sont soumis à la « discipline collective »[68]. Néanmoins, la soumission des créanciers à cette discipline trouve son pendant dans la qualité à agir conférée par les textes au mandataire judiciaire pour la défense de l'intérêt collectif[69]. Si le droit d'action du mandataire, voire même son nom, revêt les traits d'une représentation[70], il ne faut cependant pas se fier aux apparences. Il s'agit, en réalité, d'une facette de la qualité à agir correspondant au troisième aspect de l'article 31 du CPC[71] : la qualité pour la défense d'un intérêt déterminé[72].

---

[68] *V.* l'ensemble des règles applicables aux créanciers soumis à la discipline collective, P.-M. LE CORRE, *op. cit.*, n° 600 et s.

[69] L. 622-20 c. com. : « *Le mandataire judiciaire désigné par le tribunal a seul qualité pour agir au nom et dans l'intérêt collectif des créanciers* ».

[70] Entendu comme un mécanisme d'exercice des droits d'une personne par un tiers déterminé.

[71] Art. 31 CPC : « *L'action est ouverte à tous ceux qui ont un intérêt légitime au succès ou au rejet d'une prétention, sous réserve des cas dans lesquels la loi*

Deux éléments justifient l'adoption d'une approche en termes de qualité à agir du mandataire. En premier lieu, elle est l'héritière du système antérieur à la loi du 25 janvier 1985. Auparavant, les créanciers étaient regroupés au sein d'une masse et celle-ci était dotée de la personnalité juridique. Dès lors, aucun problème ne se posait à admettre que le mandataire était effectivement le *« représentant »* de la masse des créanciers. L'article 46 de loi de 1985 a changé la donne et disposait que *« le représentant des créanciers désigné par le tribunal a seul qualité pour agir au nom et dans l'intérêt des créanciers »*[73]. Nous notons que si la masse et sa personnalité juridique disparaissent, le terme de « *représentant* »[74] demeure. Or, considérer le mandataire comme un représentant est inexact[75]. La collectivité des créanciers n'a plus la personnalité juridique. Par conséquent, il ne peut y avoir de représentation. En second lieu, est apparue, en 2005, la notion *« d'intérêt collectif des créanciers »*[76]. À n'en pas douter, elle est le pilier de la logique procédurale du droit des procédures collectives[77]. Si le mandataire

---

attribue le droit d'agir aux seules personnes qu'elle qualifie pour élever ou combattre une prétention, ou pour défendre un intérêt déterminé ».

[72] *V.* cependant *contra* P. CAGNOLI, *op. cit.*, n° 39 et s. Pour l'auteur, il faudrait y préférer une analyse en termes de pouvoir, selon la définition du pouvoir retenue par E. GAILLARD : E. GAILLARD, *la notion de pouvoir en droit privé*, th. Economica, 1986, n° 56 et s. Monsieur CAGNOLI considère qu'il ne peut y avoir plusieurs sortes de qualité pour agir et que celle-ci doit être limitée aux cas de confusions entre l'intérêt et la qualité.

[73] L. n° 85-98 du 25 janv. 1985 - Art. 46

[74] Anc. Art. L. 621-8 c. com.

[75] Un pouvoir de représentation implique que la qualité et l'intérêt s'apprécie en la personne du représenté. Les créanciers étant privé du droit d'agir, le mandataire ne peut donc pas les représenter.

[76] Pour une vision d'ensemble de la problématique : C. SAINT-ALARY-HOUIN, « La hiérarchisation des intérêts dans les procédures collectives », Rapport de synthèse, 3e rencontre Jurisprudence-Doctrine : « échange sur la hiérarchisation des intérêts dans les procédures collectives », *BJE* 2016, 223. Pour les avis divergents : F. PEROCHON, « L'intérêt collectif n'est pas l'intérêt de tous les créanciers sans exception », *BJE* 2016, 218 – J. VALLANSAN, « L'intérêt collectif vu par la Chambre commerciale de la Cour de cassation », *BJE* 2016, 212 – P.-M. LE CORRE, « L'intérêt collectif est-il l'intérêt de tous les créanciers ? », *BJE* 2016, 214.

[77] Et peut être considéré comme une résurgence de la masse des créanciers : M. CABRILLAC, « L'impertinente réapparition d'un condamné à mort ou la métempsychose de la masse des créanciers », *Mél.* Gavalda, Dalloz, 2001, p. 69 ;

a qualité pour agir, il a qualité pour agir dans la défense d'un intérêt déterminé au sens de l'article 31 du CPC. Celui-ci est l'intérêt collectif des créanciers. Cette approche exclut toute idée de représentation et conduit à accréditer la qualité à agir du mandataire.

Encore faut-il à présent délimiter et comprendre cette action. La nature du contentieux du droit des entreprises en difficulté est primordiale, car s'il y a une collectivisation des droits des créanciers, elle l'est uniquement pour garantir au mieux le redressement ou la liquidation judiciaire. Quelle que soit la solution retenue, le traitement des difficultés passe par un gel de l'actif du débiteur. Sauf exception, il correspond au gage commun des créanciers[78]. Partant, l'intérêt collectif devrait être entendu comme l'intérêt objectif de la procédure et portant exclusivement sur le gage commun. À l'objectivisation du contentieux, correspond une objectivisation de l'action du mandataire. Par conséquent, l'intérêt collectif ne peut concerner la somme des intérêts subjectifs de la collectivité des créanciers. En ce sens, l'intérêt collectif des créanciers n'est pas un intérêt commun[79]. Au contraire, il s'agit d'un intérêt objectif qui porte sur les éléments identifiés comme constituant l'assiette du gage commun.

La canalisation de l'action individuelle des créanciers au profit du mandataire est extrêmement originale. Le droit d'action du mandataire dépend moins de l'ensemble des intérêts des créanciers, que de l'incidence objective de telles ou telles actions sur le gage commun. Cela permet de comprendre que, selon la Cour de cassation, l'action tendant à la défense de l'intérêt collectif des créanciers est l'action qui tend à la protection ou à la reconstitution du gage commun[80]. Dans une certaine mesure, le même raisonnement est applicable à la situation du débiteur.

A. MARTIN-SERF, « L'intérêt collectif des créanciers ou l'impossible adieu à la masse », *Mél.* A. Honorat, éd. Frison-Roche, 2000, p. 143.

[78] Sur les divergences doctrinales sur la notion de gage commun : P.-M. LE CORRE, *op. cit.*, n° 611.31, *contra* F. PEROCHON, *op. cit.*, n° 526.

[79] P.-M. LE CORRE, *op. cit.*, n° 611.31 et n° 611.36 – Pour une vision légèrement différente, F. PEROCHON, *op. cit.*, n° 526.

[80] Com. 2 juin 2015, n°13-24714, Bull. civ. IV, *à paraître*, FS-P+B+R+I ; *D.* 2015. 1205, note A. LIENHARD ; *D.* 2015. 1974, note P.-M. LE CORRE et *D.* 2015.

20. Le débiteur. L'étude de la mise en œuvre de l'intérêt du débiteur est particulièrement intéressante en liquidation judiciaire, car ce dernier est dessaisi de ses droits et actions ayant une incidence patrimoniale[81]. La situation des créanciers soumis à la discipline collective et celle du débiteur en liquidation judiciaire se rejoignent sur un point : leur droit et action sont transférés à un mandataire le temps de la procédure.

Le liquidateur exerce les droits du débiteur, sans que le régime de cette action soit clairement défini[82]. L'ensemble de la doctrine s'accorde à dire que le liquidateur représente le débiteur[83]. Est-ce exact ? Si le liquidateur agit au titre d'une véritable représentation à l'action, le dessaisissement du débiteur ne devrait pas connaître de limite. En effet, dès lors qu'il y a représentation, l'analyse devrait conduire à un pouvoir d'agir du liquidateur et corrélativement, à une incapacité d'agir du débiteur. Si le débiteur est incapable, le dessaisissement ne devrait pas connaître de limite[84]. Au contraire, la mesure ne joue qu'à la faveur d'une incidence patrimoniale et le débiteur conserve ses droits extrapatrimoniaux. Tel est le cas des droits exclusivement attachés à la personne[85]. De surcroît, l'incapacité processuelle du débiteur a été rejetée par la Cour

---

1977, note F.-X. LUCAS – P.-M. LE CORRE, « La notion d'action tendant à la défense de l'intérêt collectif des créanciers », *BJE* sept. 2015, édito. 269.

[81] Art. L. 641-9-I C. com : *« le jugement qui ouvre ou prononce la liquidation judiciaire emporte de plein droit (...) dessaisissement pour le débiteur de l'administration et de la disposition de ses biens (...). Les droits et actions du débiteur concernant son patrimoine sont exercés pendant toute la durée de la liquidation judiciaire par le liquidateur »*.

[82] D'où certaines difficultés pratiques de mise en œuvre : M.-H. MONSERIE-BON, « Le dessaisissement et l'avènement des droits propres », *RLDA* mars 2005, supp. n° 80, p. 53 ; J. THÉRON, « Les contours du dessaisissement du débiteur en liquidation judiciaire », *Rev. Proc. Coll.* 2013, doss. 3.

[83] *V.* par exemple : P.-M. LE CORRE, *op. cit.*, n° 552.09 – F. PEROCHON, *op. cit.*, n° 1153 – C. SAINT-ALARY-HOUIN, *op. cit.*, n° 1172.

[84] Toutefois, un auteur est favorable à la qualification du dessaisissement en une incapacité de défiance : C. SAINT-ALARY-HOUIN, « Le dessaisissement du débiteur en liquidation judiciaire », *Rev. Proc. Coll.* 2003, p. 173.

[85] *V.* liste des droits exclusivement attachés à la personne : P.-M. LE CORRE, *op. cit.*, n° 552.31.

de cassation[86]. Aussi, elle juge de façon récurrente que la violation procédurale du dessaisissement constitue une fin de non-recevoir pour défaut de qualité à agir[87]. Pour l'ensemble de ces raisons, le dessaisissement ne peut produire une représentation à l'action. Reste néanmoins une incertitude. Dans le silence de l'article L. 641-9-I du Code de commerce, quel peut bien être le fondement de la qualité pour agir du liquidateur en vertu du dessaisissement ?

Nous savons que le dessaisissement limite l'action du débiteur dans la seule mesure de l'incidence patrimoniale. Le patrimoine du débiteur dessaisi correspond, sauf exception, au gage commun des créanciers. Partant, le dessaisissement garantit l'intégrité du gage commun. Or, nous venons de dire que les actions tendant à la défense de l'intérêt collectif correspondaient aux actions qui tendent à la protection ou à la reconstitution du gage commun[88]. Si le dessaisissement protège le gage commun, alors, lorsque le liquidateur met en œuvre les droits du débiteur en vertu du dessaisissement, cette action doit s'analyser en un genre particulier d'action tendant à la défense de l'intérêt collectif. Dès lors, la qualité pour agir du liquidateur en vertu du dessaisissement pourrait avoir pour fondement l'article L. 622-20 du Code de commerce selon lequel le mandataire a qualité pour agir dans la défense de l'intérêt collectif des créanciers.

Par conséquent, si l'intérêt du débiteur est pris en compte, ce n'est que sous le prisme de l'intérêt collectif des créanciers[89]. De surcroît, si l'intérêt des créanciers est mis en œuvre, ce n'est qu'à la faveur d'un impact objectif sur le périmètre du gage commun. En définitive, la restriction de l'action des intérêts particuliers,

---

[86] Le dessaisissement n'emporte pas changement de capacité au sens de l'article 531 CPC dans sa rédaction antérieur au décret n° 2017-891 du 6 mai 2017 : Com. 18 mai 2016, n°14-25997, Bull. civ. IV, *à paraître* ; *Act. Proc. Coll.* 2016/11, comm. 149, note Th. LE BARS. L'article 47 du décret précité prévoit désormais l'interruption d'un délai de recours en cas d'ouverture d'une procédure de liquidation judiciaire, sans pour autant assimiler le dessaisissement à une incapacité.

[87] Com. 14 avr. 1992, n°90-15507.

[88] *V. supra* n° 19.

[89] Nous verrons que lorsque les intérêts divergent, le débiteur retrouve son droit d'agir quand bien même l'action aurait une incidence sur le périmètre du dessaisissement, *V. infra* n° 37.

au profit du mandataire judiciaire, revêt les traits d'une représentation, mais ne peut être qualifiée comme tel. Elle constitue fondamentalement une originalité du droit des entreprises en difficulté, sans pour autant être dérogatoire ou rentrer en conflit avec les règles processuelles. La limitation de l'expression des intérêts individuels est justifiée par les objectifs assignés au droit des entreprises en difficulté. Or, ces mêmes objectifs vont légitimer le traitement particulier de l'intérêt général dans le déroulement des procédures collectives.

2) L'action renforcée dans l'intérêt général

21. Rôle du ministère public. Aussi paradoxal que cela puisse paraître, le rôle du ministère public n'a cessé de s'accroître à mesure que l'aspect répressif du droit des entreprises en difficulté s'est estompé[90]. Doit-on y voir une volonté de « compensation » ? Il est permis de le penser, car, souvent négligé, le ministère public n'en demeure pas moins un acteur incontournable des procédures collectives[91]. Il est la personne dotée des plus larges prérogatives en matière de voies de recours[92] et sa qualité de partie jointe[93] ou principale[94] le conforte dans son rôle de défenseur de l'intérêt général. Hors procédure pénale, le droit des entreprises en difficulté constitue sans doute l'un des terrains d'élection de l'article 423 du CPC[95]. Il s'agit bien d'une originalité propre au droit de la faillite.

---

[90] L. LE MESLE, « Le ministère public et les procédures collectives », *Rev. Proc. Coll.* 2013, doss. 30, n° 1 - C. SAINT-ALARY-HOUIN, « Rapport de synthèse : la hiérarchisation des intérêts dans les procédures collectives », *préc.*, n° 42 – P.-M. LE CORRE, *op. cit.*, n° 340.11 - Ch. DELATTRE, « Le renouveau du rôle du ministère public », *Rev. proc. coll.* 2017/4, ét. 3.

[91] L. LE MESLE, « Le ministère public et les procédures collectives », *préc.*, n° 2.

[92] Certaines voies de recours le concernent exclusivement, art. L. 661-6-I c. com. - Pour une liste exhaustive : E. HOULETTE, « Le rôle du ministère public dans la loi de sauvegarde », *JCP E* 2005. 1514, p. 1772 – *adde.* Circ. Relative à l'action du ministère public dans les procédures du livre VI du Code de commerce : Civ 2006-08 D4/18-04-2006, NOR : JUSCO0620263, BOMJ, n° 102, 1er avr. – 30 juin 2006, ann. III.

[93] Art. 424 CPC.

[94] Art. 422 CPC.

[95] Art. 423 CPC : le ministère public « *peut agir pour la défense de l'ordre public à l'occasion des faits qui portent atteinte à celui-ci* » - L. LE MESLE, « Le ministère public et les procédures collectives », *préc.*, n° 2.

Le ministère public est le garant du déroulement des procédures. Par exemple, il peut agir en désignation d'un mandataire *ad hoc* pour pallier la fin de mission d'un commissaire à l'exécution du plan, l'absence d'organe portant effectivement atteinte à l'ordre public[96]. Le rôle du ministère public, véritable *« démineur procédural »*[97], s'est particulièrement renforcé au fur et à mesure des législations. Deux exemples sont particulièrement révélateurs : son rôle dans le déclenchement des procédures et les situations au sein desquelles le législateur érige en obligation des communications ou le recueil d'avis du ministère public.

22. Le déclenchement des procédures. En abandonnant la saisine d'office du tribunal pour l'ouverture des procédures[98], le législateur a transféré ces prérogatives au ministère public[99]. Une technique d'information, prenant la forme d'une note transmise par le Président du tribunal[100], permet au ministère public d'être juge de l'opportunité d'engager des poursuites. En soi, l'idée de compenser la disparition de la saisine d'office par ce mécanisme est louable. En pratique, toutefois, elle suppose qu'auprès de chaque Parquet il y ait un magistrat suffisamment intéressé par le droit des entreprises en difficulté pour se saisir des affaires[101].

23. Les communications obligatoires et avis du ministère public. Lorsque le législateur prévoit une communication obligatoire de l'ouverture des procédures au ministère public, la sanction du non-respect de ces dispositions est la nullité du jugement[102]. De surcroît, il résulte de l'article L. 661-8 du Code de commerce que le pourvoi en cassation pour défaut de communication n'est ouvert

---

[96] Com. 11 oct. 2011, n°10-21373.

[97] Ch. DELATTRE, « Le renouveau du rôle du ministère public », *préc.*, n° 7.

[98] Ch. DELATTRE, « Fin de la saisine d'office : Un nouveau rôle pour le ministère public », *Rev. Proc. Coll.* 2013/7, doss. 29 – B. SAINTOURENS, « Ouverture des procédures : mise aux normes constitutionnelles et nouveautés procédurales », *Rev. Proc. Coll.* 2014, doss. 14 - P. CAGNOLI, « Abrogation de la saisine d'office : et ensuite ? », *Rev. Proc. Coll.* 2016, doss. 7.

[99] C. SAINT-ALARY-HOUIN, « Rapport de synthèse : la hiérarchisation des intérêts en procédure collective », *préc.*, n° 42.

[100] Art. R. 662-12-1 C. com.

[101] P. CAGNOLI, « Abrogation de la saisine d'office : et ensuite ? », *préc.*, n° 4.

[102] L. LE MESLE, « Le ministère public et les procédures collectives », *préc.*, n° 4.

qu'au ministère public[103]. Toutefois, la Cour de cassation considère que cet article n'est pas applicable dès lors qu'un avis du ministère public doit être recueilli[104] et que le défaut de communication a été la cause du défaut d'avis[105]. Depuis deux décisions du 11 décembre 2012, le défaut d'avis du ministère public est également sanctionné par la nullité[106]. Tel n'était pas le cas auparavant, et la Cour de cassation considérait que lorsque la communication avait été régulièrement effectuée, le défaut d'avis donné par le ministère public ne pouvait être sanctionné[107]. Une nuance de taille doit néanmoins être apportée. La pratique semble beaucoup plus « laxiste » que ce que peut traduire l'intitulé des textes et des décisions en la matière. Certes, l'avis du ministère public est obligatoire en première instance et en appel[108], mais le contenu et la forme de ces avis semblent bénéficier d'une certaine souplesse. Par exemple, vaut avis la mention *« vu et s'en rapporte »*[109] ou bien encore, *« une mention manuscrite, datée, signée et apposée sur la chemise du dossier »*[110]. Dans ces cas, l'avis n'a pas à être communiqué aux parties dans la mesure où le ministère public n'exprime aucune opinion[111]. Toutefois, dès lors que le ministère public fait connaître un avis pouvant avoir une influence sur la solution du litige, les autres parties doivent être en mesure de faire connaître leurs observations et le cas échéant, d'y répondre[112].

---

[103] Art. L. 661-8 c. com. : *« Lorsque le ministère public doit avoir communication des procédures de sauvegarde, de redressement judiciaire ou de liquidation judiciaire et des causes relatives à la responsabilité des dirigeants sociaux, le pourvoi en cassation pour défaut de communication n'est ouvert qu'à lui seul ».*

[104] Com. 16 déc. 2008, n°07-17130, Bull. civ. IV, n°211 ; *D.* 2009. 94, note A. LIENHARD ; *Gaz. Proc. Coll.* 2009/2, p. 20, note N. FRICERO ; *Act. Proc. Coll.* 2009/3, n° 57, note P. CAGNOLI – Com. 3 mai 2011, n°10-14558, Bull. civ. IV, n° 67 ; *D.* 2011. 1278, note A. LIENHARD.

[105] L. LE MESLE, « Le ministère public et les procédures collectives », *préc.*, n° 4.

[106] Com. 11 déc. 2012, n°11-26555, Bull. civ. IV, n° 227 – Com. 11 déc. 2012, n°11-22459.

[107] Com. 30 mars 2005, n°03-19029, Bull. civ. IV, n° 74.

[108] Com. 3 mai 2011, n°10-14558, Bull. civ. IV, n° 67 ; *D.* 2011. 1278, obs. A. LIENHARD.

[109] Com. 16 déc. 2008, n°07-17130, Bull. civ. IV, n° 211.

[110] Com. 30 nov. 2010, n°09-71016.

[111] Com. 20 avr. 2017, n°15-19750 ; *BJE,* juill. 2017, n° 4, p. 294, note T. FAVARIO ; *BJS,* juill. 2017, n° 7-8, p. 463, note J. HEINICH ; *Dr. sociétés.* 2017, comm. 151, note J.-P. LEGROS.

[112] Com. 4 mai 2017, n°15-24504, P+B+I, Bull. civ. IV, *à paraître* ; *Dr. sociétés.* 2017, comm. 152, note J.-P. LEGROS ; *Procédures,* 2017, comm. 203, note

La présence du ministère public dans les aspects procéduraux de la matière est, en apparence, prépondérante et constitue l'une des originalités de l'action des parties en droit des entreprises en difficulté. Ainsi, la protection de l'intérêt général est-elle garantie et semble pouvoir s'exprimer directement au sein de la procédure collective. Tout ceci est théoriquement bien rôdé, mais l'impression laissée par la pratique est mitigée, car les magistrats sont peu nombreux à s'intéresser à la matière.

24. Et le commissaire au redressement productif ? Un nouveau venu[113] ! Le commissaire au redressement productif dispose de prérogatives particulièrement floues. Il peut en quelque sorte être qualifié de *« voix de l'État au soutien de l'emploi dans le cadre des difficultés d'entreprises »*[114]. Le commissaire peut être entendu lorsqu'il en fait la demande pour les audiences statuant sur le sort de l'entreprise[115], sans être dotées d'un droit d'agir[116]. Quels intérêts défend-il ? Est-il sur le même terrain que le ministère public ? Défend-il plus largement un intérêt économique[117] ? Les questions sont nombreuses et nous ne savons pas, à ce jour, si cet « acteur » disparaîtra aussi rapidement qu'il est arrivé ou s'il a vocation à s'installer dans le paysage du droit des entreprises en difficulté[118].

B. ROLLAND ; *LEDEN,* sept. 2017, n° 8, p. 4, note O. STAES ; *BJE*, juill. 2017, n° 4, p. 286, note Th. FAVARIO ; *Gaz. Pal.* juin 2017, n° 21, p. 35, note C. BERLAUD. En outre, si le ministère public s'est exprimé oralement à l'audience, les parties peuvent y répondre par une note déposée après la clôture du débat dans les conditions de l'article 445 du CPC : Com. 3 déc. 2013, n°12-29334, Bull. civ. IV, n° 177 ; *Dr. sociétés* 2014, comm. 88, note J.-P. LEGROS – Com. 17 nov. 2015, n°14-17607 et n°14-22222.

[113] C. SAINT-ALARY-HOUIN, « Rapport de synthèse : la hiérarchisation des intérêts en procédure collective », *préc.*, n° 43.

[114] P.-M. LE CORRE, *op. cit.*, n° 233.21.

[115] Ch. DELATTRE, « Le cadre d'intervention du commissaire au redressement productif dans les entreprises en difficulté », *BJE* mars 2014, 130.

[116] C. SAINT-ALARY-HOUIN, « Rapport de synthèse : la hiérarchisation des intérêts en procédure collective », *préc.*, n° 43.

[117] *Ibid.*

[118] D'ailleurs, le terme de « commissaire au redressement productif » n'apparaît pas en tant que tel au sein de l'article L. 662-3 du Code de commerce. Le législateur vise le *« représentant de l'Etat »*. Est-ce qu'a été réservée l'hypothèse d'une modification terminologique ?

25. Limites à l'originalité. L'originalité procédurale du droit des entreprises en difficulté conduit à un double constat. En premier lieu, il est délicat de déterminer les personnes pouvant être qualifiées de « parties ». Néanmoins, si la problématique se pose, il convient d'en limiter la portée. Il serait tout à fait possible de se contenter des articles L. 661-1 et suivants du Code de commerce qui déterminent précisément les personnes ayant qualité pour exercer les voies de recours sur les grandes décisions d'orientation du droit des entreprises en difficulté. La précision est importante, car là est l'enjeu de la qualité de partie à l'instance et limite les questions conceptuelles à se poser sur la notion. Aussi, nous pourrions nous contenter d'affirmer qu'est une partie la personne directement atteinte par le déséquilibre objectif causé par les difficultés de l'entreprise. En second lieu, une fois les parties identifiées, l'originalité du droit des entreprises en difficulté impacte l'attribution du droit d'agir aux différents acteurs de la procédure. Ainsi, la mise en œuvre des intérêts particuliers par le mandataire judiciaire et la garantie de l'intérêt général par le ministère public sont gages de cohérence entre les moyens employés pour limiter les actions individuelles et la finalité objective du traitement des difficultés. Par le biais de la qualité à agir attribuée au mandataire judiciaire ou par les prérogatives extraordinaires conférées au ministère public, le droit d'action est, certes limité, mais ne constitue pas pour autant des dérogations aux règles de la procédure civile. Du reste, il s'agit là encore de règles adaptées aux spécificités liées au contentieux objectif du droit de la faillite. Nous sommes loin du conflit attendu !

Il ne fait pas de doute que l'approche retenue de la relation procédure civile - procédures collectives peut diviser. Certains y verront un conflit, d'autres de la dérogation, pendant qu'encore d'autres essaieront de démontrer l'originalité du procès économique. Au demeurant, peu importe le qualificatif retenu, le mouvement tend à s'estomper, car il y a bien des limites au caractère… original !

II. LES LIMITES AU CARACTERE ORIGINAL

26. Soumission du droit des entreprises en difficulté. Malgré les spécificités procédurales inhérentes au traitement de la défaillance, le droit des entreprises en difficulté ne s'émancipe pas totalement des impératifs liés aux normes supérieures. Bien que cela ne concerne pas directement notre sujet, le développement des questions prioritaires de constitutionnalité en est un parfait révélateur[119]. Le plus célèbre exemple est l'impact de la décision de non-conformité à la constitution de la saisine d'office du tribunal[120] qui a conduit à l'éradication de ce type de saisine[121].

L'impact des décisions du Conseil constitutionnel n'est pas un phénomène isolé. Il répond à une dynamique beaucoup plus générale. Affirmer le caractère judiciaire du droit des entreprises en difficulté n'est pas anodin. Il conduit à soumettre ce droit, comme plus généralement tout le droit judiciaire privé, aux impératifs liés aux respects des droits fondamentaux du procès (A). Cette influence ne laisse pas indemnes les règles procédurales du droit des entreprises en difficulté, car nous assistons désormais à un recul des spécificités de la matière (B).

A. L'INFLUENCE DÉCISIVE DES DROITS FONDAMENTAUX DU PROCÈS

27. Le droit à un procès équitable et procédure collective. La problématique des droits fondamentaux peut être traitée sous plusieurs angles qui ne pourront pas tous être évoqués au sein de cette étude[122]. L'« enthousiasme » du juriste face à la technicité de la

---

[119] P.-M. LE CORRE, « Questions prioritaires de constitutionnalité et droit des entreprises en difficulté », *LXB*, 4 sept. 2014, n° 581 – J.-E. GICQUEL et M. ROUSILLE, « Le nouveau droit des entreprises en difficulté à l'épreuve du droit constitutionnel », interv. Colloque Besançon 10 oct. 2014, *Gaz. Pal.* 31 déc. 2014, n° 365.32 - P.-M. LE CORRE, *op. cit.*, n° 011.51.

[120] Cons. Const. 7 déc. 2012, n°2012-286 QPC, *D.* 2012. 2286, Obs. A. LIENHARD ; *D.* 2013. 338, note J.-L. VALLENS ; *Gaz. Pal.* 18 janv. 2013, n° 18, p. 25, note N. FRICERO ; *RTD. civ.* 2013. 889, note Ph. THERY ; *Act. Proc. Coll. 2013*/1, comm. 1, note N. FRICERO ; *BJE* janv. 2013, comm. 5, note T. FAVARIO ; *Rev. sociétés* 2013. 177, note L.-C. HENRY ; *Dr. sociétés.* 2013, comm. 35, note J.-P. LEGROS.

[121] Dans la même veine, nous retrouvons l'approbation par le Conseil constitutionnel d'une pratique *contra legem* qu'avait développé la Cour de cassation. Elle accordait au créancier un droit effectif d'accès au juge en matière de relevé de forclusion. Cette jurisprudence a conduit à une refonte de cette action par l'ordonnance du 12 mars 2014. *V.* P.-M. LE CORRE, *op. cit.*, n° 665.55.

[122] Des écrits sont entièrement consacrées à la problématique: N. FRICERO, « Les procédures collectives à l'épreuve du procès équitable », *Mél.* A. HONORAT, éd. Frison-Roche, 2000, p. 17 et s. – Ph. DELMOTTE, « L'accès au juge dans les

matière implique l'utilisation à « outrance » du terme de « débiteur ». Ce qualificatif conduit à oublier que se cache derrière le débiteur, personne physique en l'occurrence[123], une personne humaine[124]. Le constat est le même à l'égard des créanciers. Or, la Cour et la convention européenne des droits de l'Homme veillent à le rappeler. Ainsi, les droits fondamentaux reconnus à tous justiciables limitent l'originalité des aspects procéduraux de la matière. Ce mouvement passe, en premier lieu, par la reconnaissance d'un droit à une procédure équitable (1) et en second lieu, par la reconnaissance d'un droit à un juge équitable (2).

1) Le droit à une procédure équitable

28. Le droit à une procédure équitable. Le respect de l'équité entre les parties est l'un des fondements du droit à une procédure équitable. Celui-ci a un contenu extensif qui comprend notamment *« la contradiction, les droits de la défense, l'égalité des armes, la motivation des jugements »*[125]. Nous aurions pu faire le choix de traiter de l'équité à l'aune de la motivation des jugements ou encore, à l'égard de la transparence de la procédure[126]. Toutefois,

---

procédures collectives », *LPA* 28 nov. 2008, n° 239, p. 50 - B. SAINTOURENS, « Convention européenne des droits de l'homme et droit des procédures collectives », *Dr. et patr.*, juill. – août 2010, p. 80 – L.-C. HENRY, « L'influence du droit européen sur le droit français des entreprises en difficulté », *in mél.* D. TRICOT, 2011, Litec Dalloz - J.-L. VALLENS, « Droits de l'homme et droit des entreprises en difficulté », *in Entreprises en difficulté*, dir. Ph. ROUSSEL-GALLE, Lexisnexis 2012, coll. 360°, p. 909 - B. SAINTOURENS, « Les droits fondamentaux au regard de la convention EDH, *Rev. Proc. Coll.* 2013/1, Doss. 2 – L.-C. HENRY, « De l'influence du droit européen sur le droit des entreprises en difficulté », *BJE* 1er sept. 2017, n° 5, p. 314.

123 Mais ceci est également valable pour un débiteur personne morale.

124 B. SAINTOURENS, « Les droits fondamentaux au regard de la convention EDH », *préc.*, n° 8.

125 N. FRICERO, « Les procédures collectives à l'épreuve du procès équitable », *préc.*, n° 11.

126 *V.* sur ce sujet, N. FRICERO, « Les procédures collectives à l'épreuve du procès équitable », *art. cit. prec.*, n° 11 et s. – N. FRICERO, « Procédure civile et droit des entreprises en difficulté », *préc.*, n° 1038 – Concernant les débats : Art. L. 662-3 c. com, le principe est le huis clôt, mais retenons que la publicité des débats est de droit si l'une des parties en fait la demande. En cas de violation de ces règles, la sanction est la nullité de l'article 446 du CPC – Art. R. 662-13 C. com. : La publication du prononcé des jugements a lieu en audience publique.

nous allons opter pour une approche portant plus généralement sur le droit d'accès au juge.

29. L'accès effectif au juge garanti. Le droit à l'accès au juge n'est pas absolu. Les enjeux de notre matière sont parfaitement légitimes à la limitation de ce droit. Ainsi, comprenons-nous aisément que tel ou tel recours soit limité et ce, d'autant plus qu'une telle restriction n'est pas contraire à l'article 6§ 1[127]. Selon la Cour EDH, le droit d'accès au juge *« se prête à certaines limitations implicitement admises, notamment pour les conditions de recevabilité d'un recours, car il appelle de par sa nature même une réglementation par l'État qui jouit à cet égard d'une certaine marge d'appréciation »*[128].

Toutefois, limiter ne signifie pas anéantir. Malgré ses spécificités, le droit des entreprises en difficulté se doit de garantir le respect des droits des justiciables qui y sont soumis. Dès lors, les procédures collectives *« ne sauraient restreindre l'accès ouvert à un justiciable d'une manière ou à un point tel que son droit d'accès s'en trouve atteint dans sa substance même ; elles ne se concilient avec l'article 6§ 1 que si elles tendent à un but légitime et s'il existe un rapport raisonnable de proportionnalité entre les moyens employés et le but visé »*[129]. L'incidence du droit effectif à l'accès au juge s'est notamment illustrée avec le développement des voies de recours-nullité. Puis, elles se sont finalement restreintes dès lors que le législateur a pris à son compte ces pratiques pour être en conformité avec le droit européen des droits de l'Homme en élargissant les modes classiques de recours réformation[130]. Le même raisonnement peut être tenu à l'égard de « l'impossible » représentation des personnes morales en liquidation judiciaire dans la législation antérieure à la loi

---

[127] Ph. DELMOTTE, « L'accès au juge dans les procédures collectives », *préc.*, p. 51.

[128] CEDH, 28 mai 1985, « ASHINGDANE c/ Royaume-Uni », n°8225/78 ; *V.* cependant une position plus nuancée, la Cour EDH fait référence aux droits de la défense pour l'exercice d'un pourvoi en cassation : CEDH, 29 juill. 1998, « X c/ France » ; *D.* 1998. 364, obs. N. FRICERO.

[129] CEDH, 21 sept. 1994, « FAYED c/ Royaume-Uni », n°17101/90.

[130] *V. infra* n° 40 - J.-P. REMERY, « L'appel dans la loi de sauvegarde des entreprises », *JCP E*, 31 janv. 2008, n° 1154. L'utilisation des recours-nullité n'était pas en conformité avec la jurisprudence de la CEDH. La Cour considère que la lisibilité des voies de recours participe à l'effectivité de l'accès au juge : CEDH, 4 déc. 1995, « BELLET c/ France », n°23805/94.

de sauvegarde. Avant 2005, l'ouverture de la liquidation judiciaire entraînait la dissolution de la société. Par conséquent, les dirigeants de la personne morale perdaient leur fonction. Les droits propres de la société ne pouvaient plus s'exercer. Cette situation a abouti, d'une part, à une condamnation de l'État français par la Cour EDH[131] et d'autre part, à plusieurs réactions du législateur. Dans un premier temps, il a maintenu, par une fiction juridique, les dirigeants de la société en poste afin que ces derniers exercent les droits de la société n'étant pas compris dans le périmètre du dessaisissement[132]. Dans un second temps, le législateur, s'attaquant enfin à la source des problèmes en la matière, a modifié l'article 1844-7-7° du Code civil de telle sorte que la dissolution de la société est repoussée à la clôture de la procédure pour insuffisance d'actif[133]. Par conséquent, la société n'étant plus dissoute, les dirigeants de l'entité peuvent exercer ses droits propres durant la liquidation judiciaire. Le droit d'accès effectif au juge de l'article 6§1 CEDH est désormais garanti[134].

30. Le droit à être jugé dans un délai raisonnable. Les droits fondamentaux du procès soumettent également le droit des entreprises en difficulté aux impératifs liés au droit à être jugé dans un délai raisonnable. La France a été condamnée pour la durée excessive d'une procédure de liquidation judiciaire ayant duré plus de vingt

---

[131] CEDH 3e sect., 8 mars 2007, « Arma c/ France », n°23241/04 ; *D.* 2007. 870, note A. LIENHARD ; *D.* 2008, 571, obs. F.-X. LUCAS ; *RTD. com.* 2007. 454, n° 9, note J.-L. VALLENS ; *JCP E* 2007, chron. 2119, p. 22, n° 2, obs. Ph. PÉTEL ; *Bull. Joly* mai 2007, p. 531, note F.-X. LUCAS ; *Dr. sociétés*. 2007. 23, n° 216, note J.-P. LEGROS ; *Rev. sociétés* 2007. 607, note P.-M. LE CORRE.

[132] L. n°2005-845 – art. 190 : *« Lorsque le débiteur est une personne morale, les dirigeants sociaux en fonction lors du prononcé du jugement de liquidation judiciaire le demeurent, sauf disposition contraire des statuts ou décision de l'assemblée générale »*.

[133] Art. 1844-7-7° c. civ. dans sa rédaction issue de l'ordonnance du 12 mars 2014 : *« La société prend fin : (...) par l'effet d'un jugement ordonnant la clôture de la liquidation judiciaire pour insuffisance d'actif »*. Toutefois, la solution ne règle pas toutes les difficultés, *V.* en ce sens M. MENJUCQ, « Liquidation judiciaire et dissolution de la société débitrice : un nouveau principe nécessitant des précisions », *Rev. Proc. Coll.* 2014/3, repère n° 3 – P.-M. LE CORRE, op. cit., n° 553.15.

[134] La solution est louable sous l'angle de l'accès au juge. Néanmoins, elle conduit à un *« fonctionnement normal »* de la personne morale durant la liquidation judiciaire qui peut poser certaines difficultés et interroge sur son opportunité. Par exemple, qui peut financer la tenue des assemblées générales en liquidation judiciaire ?

ans[135]. Privé du droit d'agir en raison de son dessaisissement, le débiteur n'a pu accéder au juge pendant un temps jugé excessif. La fin ne justifiant plus les moyens, il n'y avait plus de rapport raisonnable de proportionnalité entre les restrictions subies par le débiteur et le but de la procédure qui, en tout état de cause, n'allait pas aboutir.

Indéniablement, ces décisions ont un impact en droit interne. Il y a là un marqueur de référence pour affirmer que les spécificités processuelles du droit des entreprises en difficulté sont bien limitées par les droits fondamentaux du procès. Ainsi, le législateur a-t-il pris directement à son compte les critiques de la Cour EDH. Par exemple, la loi de sauvegarde a, d'abord, imposé aux juges de fixer, lors de l'ouverture de la procédure, un délai au sein duquel l'affaire doit revenir pour clôture[136]. Ensuite, l'ordonnance du 12 mars 2014 a modifié l'article L. 643-9 du Code de commerce, afin de rendre possible la clôture d'une liquidation judiciaire lorsqu'il apparaît que la poursuite de la procédure est *« disproportionnée par rapport aux difficultés de réalisation des actifs résiduels »*[137]. Voilà une procédure de liquidation judiciaire qui peut désormais être clôturée lorsque *le jeu n'en vaut plus la chandelle !* Enfin, l'article L. 641-9-IV du Code de commerce prévoit que lorsque le débiteur hérite en cours de procédure, les actifs successoraux ne peuvent être réalisés par le liquidateur sauf accord du débiteur. Cette disposition est bienvenue lorsque l'on sait que la durée « excessive » d'une procédure est souvent liée à un blocage résultant

---

[135] CEDH 22 sept. 2011, n°60983/09, « TETU c/ France », *Gaz. Pal.* 21 janv. 2012, n° 20, p. 6, note J.-F. RENUCCI ; *Rev. Proc. Coll.* 2012, ét. 3, p. 16, note B. SAINTOURENS ; *Act. Proc. Coll.* 2011/19, comm. 286, note N. FRICERO ; *Rev. sociétés* 2011. 728, note Ph. ROUSSEL-GALLE ; *LPA* 3 janv. 2012, n° 2, p. 11, note L.-C. HENRY.

[136] L. 643-9 al. 1re c. com. Néanmoins, cette disposition et la faculté donnée aux juges de proroger le délai est une mesure d'administration judiciaire non susceptible de recours.

[137] D. VOINOT, « les modifications intéressant la liquidation judiciaire issues de l'ordonnance du 12 mars 2014 », *Gaz. Pal.* 6 avr. 2014, n° 96, p. 23 s., sp. p. 29 – F.-X. LUCAS, « Prévention de l'ordonnance portant réforme de la prévention des difficultés des entreprises et des procédures collectives », *BJE* mars 2014, 111 s., sp. p. 118 – Ph. PÉTEL, « Entreprises en difficulté : encore une réforme ! », *JCP E* 2014. 1223, n° 25.

d'une indivision successorale[138]. Ces exemples permettent de démontrer l'importance du cadre normatif du droit européen des droits de l'Homme et son influence générale sur le droit des entreprises en difficulté.

2) Le droit à un juge équitable

31. Le droit à un juge impartial. Attention, sujet extrêmement sensible ! L'article 6§1 CEDH oblige le tribunal appelé à connaître de la procédure collective de répondre *« aux garanties d'indépendance et d'impartialité »*[139]. L'impartialité peut être définie comme *« une démarche de remise en cause par le juge, qui lui permet de ne pas prendre parti avant tout débat en se fondant sur des considérations étrangères à une discussion contradictoire entre les parties »*[140]. Elle peut être liée à des considérations personnelles ou fonctionnelles. La composition et le fonctionnement des juridictions commerciales ont souvent été controversés sur le terrain de l'impartialité[141]. Pourtant, le Conseil constitutionnel, par une décision du 4 mai 2012[142], a *« admis sans réserve la conformité à la constitution des dispositions relatives aux tribunaux de commerce, qu'il s'agisse de leur impartialité, de l'indépendance des juges ou de leur niveau de formation »*. Néanmoins, un auteur relève que *« la position prise au regard de la constitution (...)*

---

[138] Rapp. au Pr. de la République sur l'ord. n° 2014-326 du 12 mars 2014, p. 12 - *V.* également, J. VALLANSAN, « La liquidation judiciaire plus rapide, plus respectueuse des droits du créancier et du débiteur », *Gaz. Pal.* 31 déc. 2014, n° 365, 15 s., sp. p. 16.

[139] N. FRICERO, « Les procédures collectives à l'épreuve du procès équitable », *préc.*, n° 4.

[140] N. FRICERO, « Les procédures collectives à l'épreuve du procès équitable », *préc.*, n° 4.

[141] *V.* en ce sens, N. FRICERO, *préc.*, n° 5 et s. sp. n° 6: *« le fondement même de la justice consulaire réside dans le fait qu'elle est proche des justiciables, le juge étant un élu issu des commerçants, ayant une connaissance de la vie des affaires et des usages professionnels, parce qu'il exerce une activité commerciale. Ce réel atout, celui d'une justice de proximité, a aussi son grave revers, en ce sens qu'il est beaucoup plus difficile au juge d'échapper à toute confusion d'intérêts pour demeurer impartial ».*

[142] Cons. Const., déc. 4 mai 2012, n°2012-241, QPC ; *JCP E* 2012. 1365, note J. VALLANSAN ; *RTD com.* 2012. 621, note J.-L. VALLENS ; *BJE* 2012, p. 293, note I. ROHART-MESSAGER ; *D.* 2012. 1626, note N. FRICERO.

pourrait être différente sous le regard de la Cour européenne des droits de l'Homme »[143]. Qu'en est-il aujourd'hui ?

32. Un droit en constante évolution. L'impartialité des juges de la faillite et plus largement des juges des tribunaux de commerce est un sujet d'actualité. Ceci est d'autant plus important que l'impartialité est *« l'un des premiers angles d'attaque d'une décision »*[144]. La doctrine œuvre depuis plusieurs années à l'établissement d'une liste d'interdictions visant à anéantir les cas au sein desquels l'impartialité pourrait être atteinte[145]. Le législateur semble procéder par étape. L'ordonnance du 12 mars 2014 et son décret du 30 juin 2014 marquent un tournant décisif en instaurant une interdiction générale pour le juge-commissaire de siéger dans la formation de jugement et de participer au délibéré dans la procédure où il est désigné à peine de nullité[146]. Dans le même ordre idée, le législateur de 2014 a également prévu, d'une part, que le juge commis de l'article L. 621-1 al. 4 du Code de commerce[147], qui doit rendre un rapport dans le cadre d'une enquête préalable au jugement sur l'état de cessation des paiements du débiteur, ne peut ensuite siéger dans la formation du jugement ou participer aux délibérés[148]. D'autre part, le Président ayant rédigé une note afin que le ministère public saisisse le tribunal en ouverture d'une procédure collective ne peut siéger ensuite dans la formation de jugement statuant sur l'ouverture

---

[143] B. SAINTOURENS, « Les droits fondamentaux au regard de la Convention EDH », *préc.* , n° 22.

[144] Ch. DELATTRE, note ss. CA DOUAI, ch. 2 sect. 2, 2 juill. 2015, n°15/02762, *BJE* 1er nov. 2015, n° 6, p. 369, 112u3.

[145] Ph. ROUSSEL-GALLE, « Loyauté et impartialité dans le traitement des procédures collectives », *Gaz. Pal.* 24 mai 2012, p. 78 – Ch. DELATTRE, « La justice consulaire face à l'impartialité », *Rev. Proc. Coll.* 2013, ét. 3, sp. n° 20 et 21.

[146] Art. L. 662-7 c. com. Auparavant cette disposition n'apparaissait que pour des cas très spécifiques en matière de sanction (Art. L. 651-3, al. 3 et L. 651-7, al. 3 c. com.) et les cas de recours contre les ordonnances du juge-commissaire (Art. R. 662-22 C. com.). Sur l'interdiction posée en matière de sanction, *v.* CA Bastia, ch. civ. 2 oct. 2013, n°12/00179 ; *JCP E* 2013, 1085 : *« Interdiction pour le Juge-commissaire de participer au jugement de sanction sous peine d'impartialité ».*

[147] Art. L. 621-1 al. 4 c. com : *« Le tribunal peut, avant de statuer, commettre un juge pour recueillir tous renseignements sur la situation financière, économique et sociale de l'entreprise. Ce juge peut faire application des dispositions prévues à l'article L. 623-2. Il peut se faire assister de tout expert de son choix ».*

[148] Car le tribunal statue sur le rapport du juge commis : Art. R. 621-4 c. com.

ou participer aux délibérés[149].

Les dispositions de l'ordonnance du 12 mars 2014 ont été complétées par la loi « J21 » du 18 novembre 2016[150]. Si le législateur de 2014 a assis l'impartialité au centre des préoccupations, celui de 2016 place le débat dans la dissociation entre la prévention des difficultés et la formation de jugement, mais également, dans le réajustement du principe général selon lequel le juge-commissaire ne peut être présent dans les formations de jugement et aux délibérés. Désormais, le Président du tribunal lorsque ce dernier a connu le débiteur à l'occasion de mesures de prévention ne pourra plus être désigné juge-commissaire dans la procédure collective de ce débiteur[151]. Aussi, la loi « J21 » étend l'absence du juge-commissaire au sein des formations de jugement et aux délibérés aux juges-commissaires suppléants[152], ainsi qu'au juge instructeur dans le cadre d'un rétablissement professionnel[153].

33. Et après ? La volonté d'une « prévention » des risques liés à un manquement à l'impartialité se manifeste dans les textes. En ce sens, les juges sont invités à *« anticiper afin de détecter toute situation pouvant dégénérer sur le terrain de l'impartialité. Il incombe à chaque juge consulaire de bien veiller à ne pas donner prise au grief de l'impartialité »*[154]. Surtout la loi du 18 novembre 2016 met en place un dispositif visant à lutter contre les conflits d'intérêts. Elle définit le conflit d'intérêts comme *« toute situation d'interférence entre un intérêt public et des intérêts publics ou privés qui est de*

---

149 Art. L. 631-3-1 et L. 640-3-1 c. com.

150 L. n°2016-1547, 18 nov. 2016, JO, 19 nov. 2016 ; G. TEBOUL, « La énième réforme du droit des entreprises en difficulté et le statut des juges consulaires : la loi pour la justice du XXIe siècle », *Gaz. Pal.* 13 déc. 2016, n° 44, p. 18 ; Ph. ROUSSEL-GALLE et M.-F. BONNEAU, « Adaptation du traitement des difficultés des entreprises par la loi de modernisation de la justice du XXIe siècle », *Rev. Proc. Coll.* 2016/6, ét. 21 - Sur propositions doctrinales, *v.* notamment, Ch. DELATTRE, note ss. CA DOUAI, ch. 2 sect. 2, 2 juill. 2015, n°15/02762, *BJE* 1er nov. 2015, n° 6, p. 369, 112u3.

151 L. n° 2016-1547, art. 99 : Art. L. 621-4 comp. C. com. et L. n°2016-1547, art. 99, Art. L. 641-1 modif. C. com.

152 Art. L. 662-7-3° C. com.

153 Art. L. 662-7-4° C. com.

154 Ch. DELATTRE, note ss. CA DOUAI, ch. 2 sect. 2, 2 juill. 2015, n°15/02762, *BJE* 1er nov. 2015, n° 6, p. 369, 112u3.

nature à influencer ou à paraître influencer l'exercice indépendant, impartial et objectif d'une fonction ». La loi impose aux juges de prévenir ou faire cesser immédiatement ces situations[155]. Cette obligation se matérialise par une déclaration *« exhaustive, exacte et sincère de leurs intérêts »*[156] que chaque nouveau juge doit remettre au Président du tribunal sous peine de sanctions pénales[157].

Au cours de ces derniers mois, les changements ont été nombreux[158] et l'avenir s'annonce compliqué pour les juges consulaires. De tout temps, leur fonction et leur nature ont toujours eu les avantages de leurs inconvénients. En pratique, les situations peuvent être particulièrement délicates. Comment un hôtelier pourrait-il juger la procédure collective de l'un de ses concurrents ? Comment un assureur pourrait-il juger la procédure collective de l'un de ses clients ? Le trait est volontairement grossi. Néanmoins, ces situations peuvent indéniablement se présenter[159]. Aussi, le législateur semble avoir créé, dans le même temps qu'il s'occupait de la situation des juges consulaires, deux autres domaines potentiellement porteurs de conflits d'intérêts dans l'exercice du mandat de justice. Les craintes concernent les sociétés interprofessionnelles[160] et la possibilité pour les huissiers d'occuper les fonctions de liquidateur[161]. Nul doute, dans ces conditions, que l'encre de la doctrine n'a pas fini de couler !

---

[155] Art. L. 722-20 C. com.

[156] P. CAGNOLI, « La réforme des tribunaux de commerce est imminente ! », *Act. Proc. Coll.* 2016/19, 263.

[157] Art. L. 722-21-II C. com.

[158] Par exemple avec la création de tribunaux spécialisés. Art. 231-I – L. n°2015-990 du 6 août 2015, *v.* P.-M. LE CORRE, « La loi Macron et le droit des entreprises en difficulté », *Gaz. Pal.* 20 oct. 2015, n° 293, p. 7. sp. n° 9.

[159] Ch. DELATTRE, note ss. CA DOUAI, ch. 2 sect. 2, 2 juill. 2015, n°15/02762, *BJE* 1er nov. 2015, n° 6, p. 369, 112u3. *V.* également Art. L. 724-1-1 C. com. : en dehors de la voie disciplinaire, les premiers Présidents de Cour d'appel peuvent *« donner un avertissement aux juges des tribunaux de commerce »* qui manqueraient à leurs obligations.

[160] P.-M. LE CORRE, « La loi Macron et le droit des entreprises en difficulté », *préc.*, n° 42 et s.

[161] P.-M. LE CORRE, « La loi Macron et le droit des entreprises en difficulté », *préc.*, n° 44 et s. *v.* également, P.-M. LE CORRE, « Le droit français des entreprises en difficulté, un modèle en Europe », *Gaz. Pal.* 2017/13, p. 52, 291n0.

34. Vers le recul des spécificités du droit des entreprises en difficulté. L'influence des droits fondamentaux du procès sur le droit des entreprises en difficulté est donc omniprésente. Elle constitue un véritable moteur de réformes en la matière. Ce mouvement n'est pas propre au droit des entreprises en difficulté[162] : la réforme de la garde à vue en matière pénale n'est-elle pas la résultante d'exigences relatives aux droits fondamentaux ?

Le propos peut paraître contradictoire, mais il faut également concéder que cette influence est relativement discrète. Elle pourrait être décrite comme un voile transparent qui serait posé sur le droit des entreprises en difficulté. Aussi discret soit-il et tapi dans l'ombre, ce voile est néanmoins véritablement présent et permet d'expliquer, pour partie, le recul des spécificités procédurales du droit des entreprises en difficulté.

B. LE RECUL DES SPÉCIFICITÉS DES PROCÉDURES COLLECTIVES

35. Mouvement de neutralisation des spécificités. Sur ces dix dernières années, nous constatons une atténuation des spécificités procédurales des procédures collectives. Parmi celles-ci nous avons relevé, sans la détailler, « l'ouverture » des voies de recours. Au demeurant, il s'agit certainement du mouvement le plus célèbre de « normalisation » du droit des procédures collectives. Toutefois, cette tendance ne se limite pas à ce seul domaine et concerne également l'action des parties. Dernière étape du parcours, nous essaierons de démontrer que le recul de l'originalité procédurale du droit des entreprises en difficulté joue aussi bien à l'égard de la mise en œuvre des intérêts individuels (1), que plus largement, à l'égard du régime technique des voies de recours (2).

1) Quant à la mise en œuvre des intérêts individuels

36. Exemple de la complexité du droit du traitement de la défaillance. *L'action individuelle est morte, vive l'action*

---

[162] Par exemple en matière de responsabilité civile : F. LEDUC, « L'influence de la jurisprudence de la Cour européenne des droits de l'Homme sur le droit français de la responsabilité civile », *LPA* 23 janv. 2013, n° 17.

individuelle ! Certains pourront crier à la contradiction au sein de notre étude. Il n'en est rien. Signe de la complexité des aspects procéduraux de la matière, la canalisation du droit d'agir de certaines parties au profit du mandataire n'est pas sans limites. Les intérêts du débiteur et, dans une moindre mesure, ceux des créanciers peuvent, par exception, s'exprimer individuellement au sein de la procédure. Ainsi, la consécration des droits propres procéduraux du débiteur et l'action des créanciers, exceptionnellement ou subsidiairement, autorisée marquent un recul de l'originalité procédurale du droit des entreprises en difficulté.

37. Droits propres procéduraux du débiteur. L'évolution de la théorie des droits propres du débiteur est l'une des conséquences de l'importance des droits fondamentaux du procès dans le cadre des procédures collectives. L'objectif est de garantir un droit d'accès au juge au débiteur conformément à l'article 6§1 CEDH. En principe, le liquidateur exerce les droits du débiteur en vertu du dessaisissement[163]. Toutefois, le débiteur n'est pas l'objet de la procédure. Il est le sujet de celle-ci[164]. Par conséquent, sa voix doit être entendue. Puisqu'il n'est pas représenté par le liquidateur, un droit propre doit lui être reconnu dès lors qu'un conflit d'intérêts apparaît entre l'intérêt collectif des créanciers et l'intérêt personnel du débiteur[165] et que le droit en question est un droit inhérent à la procédure collective. Ainsi, par essence, les droits propres et le dessaisissement partagent-ils le même domaine. Il est impossible de dresser une liste exhaustive des droits propres du débiteur tant les hypothèses sont nombreuses[166]. La théorie des droits propres du débiteur marque un réel souci de « normalisation procédurale » du droit des entreprises en difficulté[167], et ce, à tel point que certaines

---

[163] *V. supra* n°20.
[164] P.-M. LE CORRE, *op. cit.*, n° 552.09.
[165] J. THÉRON, « Les contours du dessaisissement du débiteur en liquidation judiciaire », *préc.*, n° 25.
[166] Pour une liste de ces droits, *v.* P.-M. LE CORRE, *op. cit.*, n° 552.37. Nous pourrions par exemple citer le droit de contester l'ouverture de la liquidation judiciaire, de se défendre à une action exercée à son encontre par le liquidateur, de contester une créance, etc.
[167] Leur méconnaissance est grave et constitue un excès de pouvoir : Com. 5 oct. 2010, n°09-16602, Bull. civ. IV, n° 149.

décisions issues de la jurisprudence sont aujourd'hui codifiées[168]. Même en l'absence de textes, la Cour de cassation est un véritable moteur à l'essor des droits propres du débiteur. Nous avons vu qu'il disposait du droit à être jugé dans un délai raisonnable[169]. Or, la sanction à ce principe n'est pas la clôture de la liquidation, mais l'ouverture d'une action en réparation[170] au titre d'un droit propre prévue à l'article L. 141-1 du Code de l'organisation judiciaire[171].

Lorsqu'il ne bénéficie pas de l'ouverture d'une action, le débiteur peut également disposer du droit à être entendu. Par exemple, l'article L. 624-1 du Code de commerce impose au mandataire de recueillir les observations du débiteur sur la liste des créances déclarées à peine de nullité des ordonnances qui suivront[172] ou encore, l'article L. 642-5 du Code de commerce qui impose au mandataire d'entendre ou à défaut au moins d'appeler le débiteur à émettre un avis sur l'offre retenue en cas de plan de cession. Ces exemples, non exhaustifs, ne sont qu'une application du principe de la contradiction de l'article 14 du CPC dont la violation peut entraîner la nullité du jugement rendu à défaut d'audition du débiteur[173].

---

[168] Tel a par exemple été le cas de la demande de clôture de la liquidation judiciaire : Com. 5 mars 2002, n°98-22646, Bull. civ. IV, n° 47 ; *D.* 2002. 1422, note A. LIENHARD ; *JCP E* 2002, n° 39, p. 1523, obs. M. CABRILLAC ; *Procédures* 2002, n° 122, note C. LAPORTE ; *RD banc. fin.* 2002, n° 104, obs. F.-X. LUCAS ; *RTD com.* 2002. 378, obs. J.-L. VALLENS ; *Dr. et patr.* oct. 2002. 112, obs. M.-H. MONSERIE-BON.

[169] *V. supra* n° 30.

[170] Com. 16 déc. 2014, n°13-19402, Bull. civ. IV, n° 196, n° 1141, FP-P+B+R+I ; *D.* 2015. 6, note A. LIENHARD ; *Act. Proc. Coll.* 2015, comm. 1, F. PEROCHON ; *BJE* 2015, 90, note Ch. DELATTRE ; *RTD. com.* 2015. 161, n° 9, obs. J.-L. VALLENS ; *JCP E* 2015, 1010, note Ch. LEBEL ; *Leden* 2015, comm. 012, note F.-X. LUCAS – Com. 24 mars 2015, n°14-11376.

[171] Art. L. 141-1 COJ : *« L'Etat est tenu de réparer le dommage causé par le fonctionnement défectueux du service public de la justice. Sauf dispositions particulières, cette responsabilité n'est engagée que par une faute lourde ou par un déni de justice ».*

[172] Paris, 3e ch. Sect. A, 11 mai 2004, RG n°2003/20499.

[173] Douai, ch. 1. Sect. 2, 13 mai 1993, *Jurisdata,* n°1993-044462 ; *Rev. Proc. Coll.* 1995, 79, n° 13, obs. B. DUREUIL.

Le droit d'accès au juge reconnu au débiteur marque un recul du dessaisissement. Plus largement, c'est l'originalité de la mécanique procédurale du droit des entreprises en difficulté qui s'atténue. Dans une moindre mesure, mais toujours sous le prisme de l'accès effectif au juge, le même constat peut être établi à l'égard des créanciers.

38. Le droit d'action personnel des créanciers. La soumission des créanciers à la discipline collective confère un droit d'action exclusif au mandataire qui seul peut mettre en œuvre les actions tendant à la défense de l'intérêt collectif. Dans la mesure où le mandataire n'agit que dans la défense de l'intérêt collectif[174], il ne peut agir pour assurer la défense de l'intérêt individuel d'un créancier[175]. Toutefois, pour que l'action *ut singuli* du créancier soit recevable, encore faut-il que le créancier fasse valoir un préjudice personnel sur lequel il a un intérêt propre et distinct de celui des autres créanciers[176]. Dans cette hypothèse, le droit d'action individuel des créanciers est exceptionnel. En tout état de cause, il n'est pas révélateur d'un recul des spécificités procédurales du droit des entreprises en difficulté. Il ne s'agit que d'une illustration des limites de la discipline collective. Dans la mesure où l'action n'a pas d'incidence sur le gage commun, le créancier peut logiquement agir individuellement. Aucune logique de prédominance des règles de la procédure civile ne se retrouve ici. En revanche, tel n'est pas le cas de l'action des contrôleurs en cas de carence des mandataires. Cette action constitue une véritable voie subsidiaire ouverte aux créanciers pour que ces derniers fassent valoir leur intérêt.

À côté de la très restrictive action *ut singuli*, le monopole du mandataire sur les actions tendant à la défense de l'intérêt collectif peut également être contrarié par l'action subsidiaire offerte aux contrôleurs en cas de carence du mandataire. La loi de sauvegarde des entreprises a transformé le contrôleur en véritable organe de la procédure[177]. Aussi, lorsqu'il se voit conférer le droit d'agir en cas

---

[174] Art. L. 622-20 C. com.

[175] Com. 16 mars 1993, n°90-20188, Bull. Civ. IV, n° 106 ; *D.* 1993. 583, note F. DERRIDA ; *Rev. Proc. Coll.* 1993, 424, n° 8, obs. B. DUREUIL ; *Rev. Proc. Coll.* 1993, 547, n° 1, note B. SOINNE ; *JCP E* 1993. I. 277, obs. M. CABRILLAC.

[176] Pour quelques exemples : P.-M. LE CORRE, *op. cit.*, n° 611.36.

[177] P.-M. LE CORRE, *op. cit.*, n° 612.31.

de carence du mandataire, il bénéficie corrélativement des mêmes voies de recours[178]. Cette situation apparaît comme un parfait compromis entre le monopole du mandataire pour la défense de l'intérêt collectif et le caractère restrictif de l'action *ut singuli.* L'action des contrôleurs peut, de la sorte, être rapprochée des droits propres procéduraux du débiteur dans la mesure où elle garantit le droit d'accès au juge des créanciers lorsque l'organe censé défendre leur intérêt est défaillant. Deux réserves doivent cependant être formulées. D'abord, une carence du mandataire est obligatoire et conditionne l'action des contrôleurs, là est l'essence de la subsidiarité. Ensuite, à supposer l'action fondée, en reprenant l'action du mandataire, les contrôleurs vont être soumis aux mêmes contraintes : à défaut d'intérêt collectif et donc, d'incidence sur le gage commun, pas d'action !

39. Rééquilibrage dans l'action des parties. Dans certains cas particuliers, le débiteur et les créanciers retrouvent ainsi leur droit d'action individuel. Partant, il est possible d'affirmer, sur ce point, qu'il y a bien un recul de l'originalité du droit des entreprises en difficulté où, habituellement, les intérêts individuels sont canalisés à l'instar d'une habilitation à agir conférée au mandataire. Plus largement, il apparaît que la majorité des règles procédurales du droit des entreprises en difficulté sont soumises au droit commun de la procédure civile. Ce constat va se vérifier par l'étude du régime des voies de recours. Dans ces conditions, comment pourrait-on encore parler de conflit ?

2) Quant au régime des voies de recours

40. Le recul de la stabilité des décisions et l'impact de la loi de sauvegarde. Deux éléments doivent être relevés. Le premier, le plus célèbre concerne la « normalisation » des voies de recours depuis la loi de sauvegarde des entreprises. Le second est moins célèbre, mais il n'en demeure pas moins important. Si le premier aspect concerne la philosophie générale et actuelle des voies de recours, le second a égard à leurs mises en œuvre techniques. Il apparaît que le droit commun de la procédure civile s'applique dans la majorité des cas aux recours du droit des entreprises en difficulté.

---

[178] F. PEROCHON, *op. cit.*, n° 511.

Le droit des entreprises en difficulté est toujours marqué par la restriction des voies de recours. Aussi, les décisions susceptibles d'appel et les personnes ayant qualité pour le faire sont, par exemple, limitativement définies aux articles L. 661-1 et suivants du Code de commerce. En revanche, il est impossible de nier que ces dernières se sont très largement « ouvertes » à compter de la loi de sauvegarde de 2005. Cette loi a surpris à tel point que *« l'on peut se demander si le législateur n'est pas allé trop loin dans cette démarche, au détriment des objectifs des procédures collectives »*[179]. Très brièvement, citons quelques mesures phares. D'abord, la loi de sauvegarde a instauré le droit d'appel pour le représentant des salariés à l'encontre des décisions statuant sur le sort de l'entreprise ou modifiant les plans. Ensuite, elle a permis au débiteur de faire appel du jugement arrêtant un plan de cession. Enfin, d'une façon plus générale, la loi de sauvegarde a largement diminué les décisions qui étaient jusqu'alors insusceptibles de recours. Par exemple, tel était le cas des jugements statuant sur un recours à l'encontre d'une ordonnance du juge-commissaire. Tant et si bien que les ordonnances du juge peuvent désormais faire l'objet d'une opposition, d'un appel et d'un pourvoi en cassation, *« c'est plus que dans n'importe quelle autre matière »*[180] ! Plus généralement, la loi de sauvegarde a créé un bouleversement dans la philosophie des voies de recours du droit de la faillite. Les cas de l'appel-nullité et de la tierce-opposition en témoignent. L'appel-nullité et la tierce opposition peuvent être qualifiés de « voies de recours extraordinaires »[181]. Ces dernières étaient particulièrement utilisées afin de contourner le caractère éminemment restrictif des recours en droit des entreprises en difficulté. Or, le mouvement d'ouverture de la loi de sauvegarde a conduit, d'une part, à raréfier la mise en œuvre des recours-nullité et d'autre part, à assouplir les cas de tierce opposition.

41. La raréfaction du recours-nullité. L'appel-nullité est une création prétorienne dont la recevabilité dépend de la fermeture

---

[179] P. CAGNOLI, « La qualité pour agir, questions procédurales », *préc.*, sp. 211.
[180] *Ibid.*
[181] Selon l'expression utilisée par N. FRICERO, « Tierce-opposition et procédures collectives », *préc.*, p. 26.

corrélative d'une voie de recours-réformation[182]. Les voies de recours-réformation sont logiquement limitées en droit des entreprises en difficulté pour garantir la meilleure efficacité possible aux décisions. Par conséquent, l'appel-nullité est d'autant plus extraordinaire, qu'il s'est développé *contra legem*[183]. Ses conditions de recevabilité sont strictes[184]. Il ne peut être formé qu'en présence d'un excès de pouvoir du juge[185]. Or, l'excès de pouvoir ne correspond pas à la violation d'un principe fondamental de la procédure[186]. L'excès de pouvoir sera caractérisé dès lors que le juge outrepasse ses fonctions[187] ou au contraire, lorsqu'il refuse de les utiliser[188]. Aujourd'hui, cette voie de recours a perdu en portée. Elle était particulièrement utilisée par des débiteurs souhaitant faire appel des jugements arrêtant le plan de cession. Or, la loi de sauvegarde a ouvert l'appel au débiteur pour ces décisions. Par conséquent, le contentieux du recours-nullité s'est largement réduit.

42. L'assouplissement de la tierce opposition. La tierce opposition est une autre voie de recours qualifiée d'extraordinaire. Le recul de la

---

182 Com. 12 avr. 2005, n°03-16538.

183 N. FRICERO, « Procédure civile et droit des entreprises en difficulté », *préc.*, n° 1073.

184 Pour un exposé complet des règles régissant les recours-nullité : P.-M. LE CORRE, *op. cit.*, n° 321.11 et s.

185 L. BERNARDINI-FRICERO, « L'excès de pouvoir dans les procédures collectives », *LPA* 28 nov. 2008, n° 239, p. 21 – G. BOLARD, « L'appel-nullité », *D.* 1988. 177 – L. CADIET, « Sur l'appel nullité dans les procédures collectives », *Rev. Proc. Coll.* 1988, p. 17 – B. ROLLAND, « Mauvais temps sur le principe du contradictoire (à propos de l'admission des recours nullité par la Cour de cassation », *JCP E* 2006, 2534, p. 1825. – P.-M. LE CORRE, *op. cit.*, n° 321.22.

186 Ch. Mixte, 28 janv. 2005, n°02-19153 ; Bull. civ. II, n° 293 ; *D.* 2005. 3085, note A. LIENHARD ; *Gaz. Pal.* 2006/2, p. 24, note I. ROHART-MESSAGER ; *Act. Proc. Coll.* 2006, comm. 22, note P. CAGNOLI. En revanche, la violation de l'article 14 du CPC constitue un excès de pouvoir : Com. 16 juin 2009, n°08-13565 ; Bull. civ. IV, n° 82 ; *D.* 2009. 1756, note A. LIENHARD ; *Rev. Proc. Coll.* 2010/1, comm . 5, note Ph. PÉTEL. En effet, elle n'est *« pas une banale violation du contradictoire, mais conduit à ce qu'un juge statue sur une prétention sans même que l'intéressé ait été informé de l'existence d'une instance, pouvoir que la loi ne lui confère pas »* : N. FRICERO, « Procédure civile et droit des entreprises en difficulté », *préc.*, n° 1073.

187 Civ. 1re, 20 févr. 2007, n°06-13134, Bull. civ. I, n° 61.

188 Civ. 2e, 17 juin 1987, n°85-18840, Bull. civ. III, n° 130 ; *D.* 1987. 359, obs. P. JULIEN ; *RTD civ.* 1988. 184, n° 9, obs. R. PERROT.

spécificité du droit des entreprises en difficulté joue ici différemment que pour le recours-nullité. Moins « sulfureuse » que ce dernier, la loi de sauvegarde et l'ordonnance du 18 décembre 2008 ont élargi les possibilités de tierce-opposition[189]. Cet élargissement peut être trompeur, car sa mise en œuvre est un véritable parcours du combattant[190]. Ce constat est plus lié à l'application du droit commun procédural, qu'à celle du droit des entreprises en difficulté. Les principes applicables en la matière relèvent de l'article 583 du CPC[191]. Si nous avons affirmé qu'il pouvait être délicat d'identifier les parties à l'instance du traitement de la défaillance[192], il est corrélativement compliqué d'en déterminer les tiers. À suivre la lettre de l'article 583 du CPC, est un tiers les personnes qui ne sont pas des parties et qui ne sont pas représentées[193]. En outre, cet article leur impose de se prévaloir d'une fraude ou d'un moyen propre. Ces deux conditions sont extrêmement limitatives pour les créanciers-tiers au jugement. Ceci est d'autant plus vrai, qu'en principe, ils sont représentés à l'instance du jugement d'ouverture par le débiteur en raison d'une « communauté d'intérêts »[194]. Toutefois, pour preuve du recul des spécificités

[189] Art. L. 661-2 et L. 661-3 C. com. Peuvent faire l'objet d'une tierce opposition les jugements : d'ouverture des procédures de sauvegarde, de redressement et de liquidation judiciaire, d'extension d'une sauvegarde, redressement ou liquidation judiciaire, se prononçant sur le prononcé d'une liquidation judiciaire en cours de période d'observation, arrêtant ou modifiant le plan de sauvegarde ou de redressement ou rejetant la résolution de ce plan.

[190] N. FRICERO, « Tierce-opposition et procédures collectives », *LPA* 28 nov. 2008, n° 239, p. 26.

[191] Art. 583 CPC : *« Est recevable à former tierce opposition toute personne qui y a intérêt, à la condition qu'elle n'ait été ni partie ni représentée au jugement qu'elle attaque. Les créanciers et autres ayants cause d'une partie peuvent toutefois former tierce opposition au jugement rendu en fraude de leurs droits ou s'ils invoquent des moyens qui leur sont propres. En matière gracieuse, la tierce opposition n'est ouverte qu'aux tiers auxquels la décision n'a pas été notifiée ; elle l'est également contre les jugements rendus en dernier ressort même si la décision leur a été notifiée ».*

[192] *V. supra* n° 7 et s.

[193] Par exemple, la veuve d'un débiteur : Com. 13 nov. 2001, n°98-22457 ; *Rev. Proc. Coll.* 2003, p. 109, note S. GORRIAS.

[194] Cette solution peut d'ailleurs paraître extrêmement difficile à justifier lorsqu'un créancier souhaite remettre en question l'ouverture de la procédure. Elle est emprunte d'opportunité, car le mandataire ne rentre en fonction qu'après le jugement d'ouverture. *V.* en ce sens P. CAGNOLI, note ss. Paris, 3e ch., A, 15 janv. 2007, RG n°2006/058654 ; *Act. Proc. Coll.* 2008/3, n° 50. De surcroît,

procédurales du droit des entreprises en difficulté, le droit d'accès effectif au juge de l'article 6§1 a amené la jurisprudence *« à poser des règles dérogatoires quant à l'ouverture de la tierce opposition »*[195]. Tel est par exemple le cas d'un créancier situé à l'étranger[196] ou encore pour les associés tenus au passif d'une société en liquidation judiciaire[197]. Dans ces deux cas, les conditions normalement réunies de la fraude ou du moyen propre à former tierce opposition « sautent » devant les impératifs de l'accès au juge. Il a d'ailleurs pu être écrit que *« le droit effectif au juge, norme européenne supérieure aux lois et décrets du droit interne, l'emporte sur le principe posé par l'article 583 du Code de procédure civile »*[198].

44. Renvoi de principe au droit commun de la procédure. Le mouvement d'assouplissement des spécificités du droit des entreprises en difficulté est d'autant plus marquant lorsque l'on relève qu'en principe, sauf dispositions contraires, *« les règles du Code de procédure civile sont applicables dans les matières régies par le livre VI (...) »*[199]. Par exemple, l'article R. 661-6 du Code de commerce dispose que l'appel des jugements de l'article L. 661-1-I du même Code et ceux de l'article L. 661-6, suivent, en principe, la procédure d'appel prévue aux articles 901 à 925 du CPC. Par conséquent, la forme des recours en droit des entreprises en difficulté est assortie des mêmes sanctions relatives à la caducité et à l'irrecevabilité, sous réserve de quelques aménagements. Par exemple, la cour d'appel doit statuer dans les quatre mois de sa

---

les juridictions du fond jugent parfois le contraire : Paris, 3e ch., B, 29 nov. 2007, RG n°07/05754 ; *D.* 2008. 12, obs. A. LIENHARD ; *Dr. et patr.* 2008, n° 172, p. 104, note C. SAINT-ALARY-HOUIN ; *Act. Proc. Coll.* 2008/3, n° 50, note P. CAGNOLI ; *RTD com.* 2008. 424, obs. J.-L. VALLENS - P.-M. LE CORRE, *op. cit.*, n° 233.54.

195 N. FRICERO, « Procédure civile et droit des entreprises en difficulté », *préc.*, n° 1078.

196 Com. 30 juin 2009, n°08-11902, Bull. civ. IV, n° 88, FS-P+B+R ; *D.* 2009. 1886, note A. LIENHARD ; *Gaz. Pal.* 2009/3, p. 7, note N. FRICERO.

197 Com. 19 déc. 2006, n°05-14816, Bull. civ. IV, n° 254 ; FS-P+B+R+I ; *D.* 2007. 157, obs. A. LIENHARD ; *Gaz. Pal.* 2007/2, p. 24, note Ch. LEBEL ; *JCP E* 2007. 1186, note Th. CHOLET ; *JCP E* 2007. 1450, note M. CABRILLAC.

198 P.-M. LE CORRE, *op. cit.*, n° 233.54.

199 Art. R. 662-1-1° c. com.

saisine pour les appels des décisions relevant de l'article L. 661-6 du Code de commerce[200].

45. Le choix délicat des circuits d'appel. Les 2° et 3° de l'article R. 661-6 du Code de commerce prévoient l'application de deux circuits différents issus des règles de la procédure civile selon les décisions en question. D'une part, en cas d'appel des décisions arrêtant ou rejetant un plan de cession, la procédure à jour fixe doit être utilisée[201]. Il s'agit du premier circuit. D'autre part, le second circuit peut suivre trois procédures différentes qui peuvent se succéder au cours d'une même instance[202]. D'abord, il peut être recouru à la procédure à jour fixe de l'article 917 du CPC. Ensuite, l'affaire peut être instruite selon la procédure *« abrégée »* relevant de l'article 905 du CPC[203]. Enfin, le Président peut décider d'instruire l'affaire sous le contrôle d'un magistrat de la chambre aux conditions prévues aux articles 763 à 787 CPC[204].

La problématique porte plus particulièrement sur l'application ou non de l'article 908 du CPC, lorsqu'il est fait application des articles 763 et suivants par le Président de la chambre saisie. Ces articles concernent les pouvoirs du conseiller de la mise en état dans la procédure ordinaire, par le renvoi opéré à l'article 907 du CPC. Par conséquent, il aurait pu être déduit que lorsque l'affaire est instruite sous le contrôle d'un magistrat de la chambre, elle est soumise aux sanctions de la procédure ordinaire relevant de l'article 907 du CPC, dont l'article 908 du CPC qui sanctionne, par la caducité, le défaut de conclusions dans les trois mois de la déclaration d'appel. Tel n'a pas été l'avis de la deuxième chambre civile de la Cour de cassation qui, dans un premier temps, a jugé que les dispositions de l'article 908 du CPC ne s'appliquent pas lorsque

---

200 Art. R. 661-6-6° c. com. : Ces jugements concernent la nomination ou le remplacement des contrôleurs et des organes, la durée de la période d'observation, la continuation ou la cessation de l'activité, la location gérance et les décisions arrêtant ou rejetant le plan de cession. Cette spécificité est néanmoins relative, car elle n'est pas sanctionnée, *v.* en ce sens, Com. 14 juin 2016, n°14-28995.

201 Art. R. 661-6-2° C. com.

202 N. FRICERO, note ss. Com. 15 nov. 2016, n°14-22784 ; *Gaz. Pal.* 10 janv. 2017, n° 2, p. 62.

203 Art. R. 661-6-3° c. com.

204 Art. R. 661-6-3° c. com.

l'affaire est instruite selon les articles 763 et suivants[205]. Cette solution peut s'inscrire dans la continuité d'un avis du 3 juin 2013 où la Cour ayant estimé qu'en cas d'application du circuit abrégé de l'article 905 CPC, les articles 908 et suivants ne s'appliquent pas[206]. Néanmoins, dans un second temps, la solution a été corrigée par la chambre commerciale de la Cour de cassation[207]. Lorsque le Président de la chambre saisie décide de faire application des articles 763 et suivants du CPC, les articles 908 à 911 du CPC[208] s'appliquent. La solution est strictement la même qu'en procédure civile. Dès lors qu'un conseiller de la mise en état est désigné, la procédure « abrégée » de l'article 905 du CPC est exclue. Corrélativement, les articles 908 à 911 du CPC retrouvent donc vocation à s'appliquer. Par conséquent, tout dépend de l'ordonnance du Président qui décide ou non de l'application du « circuit 905 ».

46. La notion d'indivisibilité. Aussi, la procédure d'appel appliquée au droit des entreprises en difficulté est un terrain d'élection pour la notion d'indivisibilité procédurale. L'article R. 661-6-1° du Code de commerce prévoit que lorsque le mandataire n'est pas appelant, il doit néanmoins être intimé, et ce, à peine d'irrecevabilité[209]. Cependant, ce texte est seulement applicable aux décisions qui y sont visées[210]. Or, la notion d'indivisibilité appliquée au droit des entreprises en difficulté ne se limite pas à ce texte. Certains contentieux procéduraux du droit des entreprises en difficulté, non visés à l'article R. 661-6-1° du Code de commerce génère leur propre notion d'indivisibilité. Il peut s'agir des décisions

[205] Civ. 2e, 3 déc. 2015, n°14-20912, Bull. civ. II, *à paraître* ; *Gaz. Pal.* 12 avr. 2016, n° 14, p. 61, note N. FRICERO ; *Gaz. Pal.* 9 févr. 2016, n° 6, p.76, note C. BLERY ; *Rev. Proc. Coll.* 2016, comm. 35, note P. CAGNOLI.
[206] Cass. Avis, 3 juin 2013, n°13-70004, Bull. avis, n° 8 - P. GERBAY, « Le circuit court exclut les décrets Magendi », *JCP G,* 2013, 758 ; S. AMRANI-MEKKI, note ss. Civ. 2e, 16 mai 2013, n°11-19119 ; *Gaz. Pal.* 3 sept. 2013, n° 246.
[207] Com. 15 nov. 2016, n°14-22784 ; *Gaz. Pal.* 10 janv. 2017, n° 2, p. 62 et *D.* 2017. 422, obs. N. FRICERO.
[208] N. FRICERO, note ss. Com. 15 nov. 2016, n°14-22784 ; *Gaz. Pal.* 2016/2, p. 62.
[209] Néanmoins, l'application du droit commun de la procédure civile conduit à admettre que le défaut de mise en cause du mandataire peut être régularisée dans le délai de la voie de recours en application de l'article 126 CPC : Com. 3 nov. 2015, n°14-16750 ; *Gaz. Pal.* 19 janv. 2016, n° 3, p. 58, note N. FRICERO.
[210] Celles des articles L. 661-1 et L. 661-6 c. com.

du juge-commissaire susceptibles d'un recours en appel[211] et plus spécifiquement, des recours à l'encontre des décisions d'admission au passif[212]. Si le débiteur interjette appel d'une décision d'admission au passif, il doit intimer, à peine d'irrecevabilité, le créancier, mais également, le mandataire[213]. Sur le terrain purement processuel, la solution s'explique par l'application de l'article 553 du CPC. Selon le texte, en cas d'indivisibilité, l'appel formé contre l'une des parties n'est recevable que si toutes sont appelées à l'instance[214]. En matière d'instance d'admission du passif, le critère de l'indivisibilité est respecté, puisqu'il est impossible de statuer différemment sur une créance à l'encontre du mandataire ou du créancier[215]. La règle joue de façon équivalente pour le liquidateur ou pour le créancier qui, lorsqu'ils font appel à l'encontre de l'un ou de l'autre, doivent intimer le débiteur[216]. En toute hypothèse, la raison est toujours la même : la qualité de partie nécessaire du débiteur procède de son droit propre[217] !

L'indivisibilité du litige impose de respecter les règles de la procédure d'appel à l'égard de l'ensemble des parties. Les circuits procéduraux de l'article R. 661-6, 2° et 3° du Code de commerce ne s'appliquent pas pour ce genre de recours. Aussi, par principe, la procédure ordinaire doit être appliquée. Par conséquent, par principe, les parties encourent les sanctions des articles 908 à 911 du CPC. La Cour de cassation dans un arrêt du 2 novembre 2016 en a tiré les conséquences. La Cour juge qu'à peine de caducité de la

---

211 En matière de réalisation d'actif par exemple : R. 642-37-1 c. com.

212 R. 624-7 C. com.

213 Com. 15 févr. 2000, n°97-21102 ; Bull. civ. IV, n° 31 ; *Act. Proc. Coll.* 2000. 84, obs. J. VALLANSAN.

214 Com. 29 sept. 2015, n°14-13257, Bull. civ. IV, *à paraître* ; *Rev. Proc. Coll.* 2016, p. 33, note P. CAGNOLI ; *Procédures* 2015, comm. 367, note B. ROLLAND ; *Dr. sociétés* 2015, comm. 220, note J-P. LEGROS ; *LEDEN* 2015, comm. 161, obs. O. STAES.

215 P. CAGNOLI, note ss. Com. 29 sept. 2015, n°14-13257, Bull. civ. IV, *à paraître* ; *Rev. Proc. Coll.* 2016, p. 33.

216 Com. 31 mai 2016, n°14-20882 ; *Act. Proc. Coll.* 2012/12, 173, note J. VALLANSAN – Com. 13 sept. 2016, n°14-28304 ; *Act. Proc. Coll.* 2010/16, n° 230 - Com. 15 nov. 2016, n°14-29885, F-P+B+I ; *Dalloz Act.* 14 déc. 2016, note X. DELPECH.

217 J. VALLANSAN, note ss. Com. 31 mai 2016, n°14-20882 ; *Act. Proc. Coll.* 2012/12, 173. Par ailleurs, la Cour d'appel peut relever d'office l'irrecevabilité.

déclaration d'appel, les conclusions doivent être notifiées aux avocats dans le même délai de leur remise au greffe et signifiées dans le mois suivant aux parties qui n'ont pas constitué avocat. Si le débiteur interjette appel à l'encontre d'un créancier, en respectant la procédure à son égard, mais qu'au contraire, ne signifie pas les conclusions au mandataire qui n'a pas constitué avocat dans le délai de l'article 911 du CPC[218], l'acte d'appel est caduc. Quand bien même la caducité ne frappe que le rapport débiteur-mandataire, l'indivisibilité impose de considérer l'ensemble de l'instance caduque. Injuste en apparence, la solution est néanmoins parfaitement logique.

47. Vers un abandon de l'originalité ? Pour l'ensemble des raisons philosophiques et techniques, précédemment évoquées, ayant, aussi bien traits aux voies de recours, qu'à l'action individuelle des parties, nous pouvons affirmer qu'il y a bien un recul de l'originalité procédurale du droit des entreprises en difficulté. Plus largement, ce recul est également la résultante d'une importance de plus en plus considérable des droits fondamentaux du procès. Ces derniers façonnent un droit de la défaillance des entreprises beaucoup plus respectueux des acteurs de la procédure.

Est-ce à dire que l'originalité processuelle de la faillite va disparaître ? Une réponse négative s'impose. D'abord, parce que la résolution des difficultés de l'entreprise doit subir un traitement procédural particulier. Ensuite, parce qu'il est par nature original et qu'il en est impossible autrement. Par exemple, l'article L. 621-1 du Code de commerce prévoit désormais en son troisième alinéa que lorsque le débiteur demande l'ouverture d'une procédure de sauvegarde, le tribunal l'invite à solliciter une conciliation si la situation du chef d'entreprise ne fait pas apparaître de difficultés qu'il ne serait pas en mesure de surmonter seul[219]. À première vue, nous retrouvons ici un mécanisme déjà bien connu en procédure civile et qui tend, d'ailleurs, à devenir une obligation[220]. Pourtant, la nouvelle

---

[218] Com. 2 nov. 2016, n°14-25536, Bull. civ. IV, *à paraître* ; *Act. Proc. Coll.* 2016/20, n° 297, note J. VALLANSAN ; *Rev. Proc. Coll.* 2017/2, comm. 11, note P. CAGNOLI ; *Rev. Proc. Coll.* 2017/2, comm. 5, note J. VALLANSAN.

[219] L. n°2016-1547, art. 99 ; Art. L. 621-1 C. com. al. 3 modif.

[220] N. FRICERO, « Panorama de jurisprudences janv. 2016 – déc. 2016 », *D.* 2017. 422, sp. n° 1. Par exemple, depuis le 1er janvier 2017, lorsque la saisine du tribunal d'instance n'est pas précédée d'une tentative de conciliation, le juge peut prononcer

disposition de l'article L. 621-1 du Code de commerce ne peut être inscrite dans cette démarche[221]. Bien que l'idée sous-jacente soit de développer le recours à la conciliation[222], les spécificités de la faillite ne s'accordent pas avec l'obligation de recourir préalablement à une procédure préventive.

La déjudiciarisation en procédure civile est liée à des considérations économiques et de bonne administration de la justice. Alors que l'objectif est la célérité dans le traitement des difficultés de l'entreprise, nous voyons mal un tribunal sanctionner une partie pour ne pas avoir préalablement sollicité une conciliation. Aussi, il faut comprendre cet article comme une faveur faîte au chef d'entreprise, qui étant, en principe, irrecevable à solliciter l'ouverture d'une procédure de sauvegarde, se voit proposer l'ouverture d'une conciliation[223]. Si de prime abord, il avait été tentant de conclure à un alignement du droit des entreprises en difficulté sur la procédure civile, ce dernier conserve néanmoins sa spécificité.

48. L'originalité limitée. Les qualificatifs sont nombreux et souvent péjoratifs pour déterminer la relation qu'entretiennent la procédure civile et le droit des entreprises en difficulté.

Selon nous, les aspects procéduraux de la matière sont originaux. Cependant, cette originalité ne doit pas conduire

---

d'office l'irrecevabilité de la demande. *V.* également, la Cour EDH qui valide ce genre de mesure, CEDH, 26 mars 2015, n°11239/11 ; *D.* 2016. 449, obs. N. FRICERO ; *RTD. civ.* 2015. 698, obs. Ph. THERY ; *Dr. et proc.* 2015, p. 5, obs. N. FRICERO.

[221] Cette disposition est d'ailleurs critiquée pour plusieurs raisons, *v.* Ph. ROUSSEL-GALLE et M.-F. BONNEAU, « Adaptation du traitement des difficultés des entreprises par la loi de modernisation de la justice du XXIe siècle », *préc.*, n° 6.

[222] Ph. ROUSSEL-GALLE et M.-F. BONNEAU, « Adaptation du traitement des difficultés des entreprises par la loi de modernisation de la justice du XXIe siècle », *préc.*, n° 6. D'autant que le développement de la conciliation est un objectif fixé par la Commission européenne : Ph. ROUSSEL-GALLE, « Quel droit de l'insolvabilité demain ? », *Rev. Proc. Coll.* 2017/2, n° 2.

[223] *Adde.* J. THÉRON, « Les nouveaux moyens procéduraux », *Rev. Proc. Coll.* 2017/4, ét. 11, n° 5 : Par cette disposition, le droit des entreprises en difficulté invente ici peut-être la notion de « juge-conseil ». Selon l'auteur, *« C'est une forme de soft law bien particulière. Elle ne repose pas sur une convention comme bien souvent, mais sur une forme de paternalisme judiciaire ».*

à l'adoption de conclusions hâtives. L'originalité n'est pas l'exception, la dérogation, la violation ou l'anomalie. La procédure des procédures collectives est adaptée au traitement de la défaillance, sans être totalement étrangère aux règles processuelles. Dès lors, si l'objectif du droit des entreprises en difficulté conduit à une approche nécessairement spécifique de la procédure civile, cela ne signifie pas qu'il rentre en conflit avec elle. À bien des égards, les principes directeurs de la procédure civile, tout comme ses règles les plus techniques dominent et influencent le droit des entreprises en difficulté. Ainsi, l'originalité est limitée.

Aujourd'hui, procédure civile et procédures collectives semblent être les membres d'une collaboration étroite dont l'objectif unique est le traitement des difficultés de l'entreprise en limitant aux mieux l'atteinte aux intérêts individuels. Demain, la contractualisation du traitement de l'insolvabilité aura peut-être pris le pas sur cette relation. Aussi, ne pourrait-on pas penser que le droit des entreprises en difficulté et la procédure civile seraient mis en retrait, au profit d'un droit préventif de l'insolvabilité entièrement contractualisé ? Affaire à suivre…

Le contrôle de proportionnalité entre le droit à la preuve et le droit au respect de la vie privée

Cédric CHAPELLE

Cinq ans après sa consécration par la Cour de cassation sur le fondement du procès équitable, le droit à la preuve a su s'imposer comme un droit fondamental du procès. Celui-ci, doté d'une double face, permet au justiciable de solliciter des preuves, mais également de produire les siennes devant le juge. Ce dernier aspect a révélé une concurrence entre le droit à la preuve et d'autres droits fondamentaux, au titre desquels le droit au respect de la vie privée. Afin de prémunir ce droit des atteintes éventuelles que le droit à la preuve pourrait lui porter, la Haute Juridiction a estimé nécessaire d'instaurer un véritable contrôle de proportionnalité dont elle a, elle-même, établi les critères.

1. La soumission du procès civil au respect des droits fondamentaux, normes de référence que doivent nécessairement prendre en compte les juridictions internes, au risque pour les États membres de se faire condamner par la Cour européenne des Droits de l'Homme, est aujourd'hui indéniable. En témoigne la force du principe du procès équitable, prévu à l'article 6 paragraphe 1 de la Convention européenne de Sauvegarde des Droits de l'Homme et des Libertés fondamentales. Cette disposition, dont la Cour européenne des Droits de l'Homme veille au strict respect, prévoit en effet, *in limine*, que « *toute personne a droit à ce que sa cause soit entendue équitablement, publiquement et dans un délai raisonnable, par un tribunal indépendant et impartial [...]* ». Aux termes de ce texte, apparaissent de manière claire les droits fondamentaux procéduraux suivants : le droit au juge[1], le droit à une audience publique[2], le droit

[1] CEDH (Plénière), *Golder c. Royaume-Uni*, 21 fév. 1975, req. n° 4451/70, série A, n° 18, §§ 35-36.
[2] CEDH (Grande Chambre), *Malhous c. République Tchèque*, 12 juill. 2001, req. n° 33071/96, §§ 55-56.

d'être jugé dans un délai raisonnable[3], ou encore la garantie d'un juge impartial et indépendant[4].

2. La force du principe est telle que la jurisprudence européenne en a dégagé plusieurs autres n'étant pas expressément consacrés comme celui de l'égalité des armes, qui confère aux parties à un procès « *la possibilité raisonnable d'exposer sa cause dans des conditions qui ne la désavantagent pas d'une manière appréciable par rapport à la partie adverse* »[5] ou encore celui du contradictoire[6], qui leur permet de prendre connaissance et de discuter des arguments et pièces établis par l'une et l'autre.

3. C'est dans cet élan de fondamentalisation de certains droits de la procédure civile que, le 5 avril 2012, toujours au visa de l'article 6 paragraphe 1 de la Conv. ESDH, la première chambre civile de la Cour de cassation a reconnu au justiciable un véritable droit à la preuve[7]. Si la reconnaissance d'un tel droit par les tribunaux est récente[8], sa théorisation est ancienne. En effet, dès 1911, François Gény le définissait comme la « *faculté en vertu de laquelle chacun recueille et emploie à sa guise, les moyens que lui offre la vie sociale pour la justification et la défense de ses droits* »[9]. Cette définition fait

---

[3] CEDH (Chambre), *H. c. France*, 24 oct. 1989, req. n° 10073/82, § 58.

[4] CEDH (Grande Chambre), *Kleyn et autres c. Pays-Bas*, 6 mai 2003, req. n° 39343/98, 39651/98, 43147/98 et 46664/99, § 192.

[5] CEDH, *Struppat c. RFA*, 16 juill. 1968, req. n° 2804/66, DR, Annuaire de la Conv., vol. XI, p. 400.

[6] CEDH (Chambre), *Mc Michaël c. Royaume-Uni*, 24 févr. 1995, req. n° 16424/90, série A, n° 307-B, D.1995. 449, note M. HUYETTE, § 80 : « [...], *le droit à un procès équitable contradictoire implique par principe, pour une partie, la "faculté de prendre connaissance des observations ou des pièces produites par l'autre, ainsi que de les discuter* ».

[7] Cass. civ. 1re, 5 avr. 2012, n° 11-14,177 : D. 2012, p. 1596, note G. LARDEUX, et 2826, obs. J.-D. BRETZNER ; RTD civ. 2012, p. 506, obs. J. HAUSER.

[8] La consécration européenne du droit à la preuve résulte de l'arrêt : CEDH (Deuxième Section), *L, L, c. France*, 10 oct. 2006, req. n° 7508/02, § 40 : « *La Cour estime, au vu des circonstances de l'espèce, que la mesure incriminée visait à protéger les droits de l'épouse du requérant qui, souhaitant établir une corrélation entre le caractère violent de son mari avec son alcoolisme pathologique, tendait à obtenir le divorce aux torts exclusifs de celui-ci. Ce faisant, l'ingérence était destinée à "la protection des droits et libertés d'autrui", en l'occurrence le droit à la preuve du conjoint aux fins de faire triompher ses prétentions* ».

[9] F. GENY, *Des droits sur les lettres missives*, t. 2, Sirey, 1911, p. 81.

ainsi apparaître une première facette du droit à la preuve, à savoir la possibilité pour tout justiciable de soumettre au juge ses propres modes de preuve. Cette conception a été complétée par la suite, pour former une dualité du droit de la preuve. En effet, l'évolution de la procédure civile, et notamment la conception coopérative du droit de la preuve, induisant une coopération des parties et du juge dans l'administration de la preuve, a mené le professeur Gilles Goubeaux a considéré ce droit à la preuve comme non seulement le droit de produire mais également le droit d'obtenir des preuves[10]. Pour autant, c'est le premier aspect du droit à la preuve, le droit de produire ses preuves, qui est aujourd'hui le plus débattu. Et pour cause, dès lors que le droit à la preuve correspond à une contrepartie de l'obligation faite au justiciable de prouver par tous moyens les faits qu'il allègue[11], il peut produire n'importe quel type de preuve possible. Ainsi, dans sa fonction, le droit à la preuve facilite le long parcours probatoire qu'est celui du justiciable[12], lequel s'avère parfois semé d'obstacles juridiques.

4. En effet, dans les diverses décisions le consacrant et le confirmant, le droit à la preuve a permis aux plaideurs de faire triompher devant le juge des preuves dont les moyens employés pour y parvenir sont susceptibles de porter atteinte au principe de respect de la vie privée et familiale. Ainsi était-il question, dans l'arrêt fondateur du 5 avril 2012, d'un héritier qui, dans le cadre d'une procédure concernant une succession, avait produit une lettre écrite par le mari d'une de ses sœurs, sans leur accord. La Cour de cassation avait également eu l'occasion de se prononcer sur la possibilité pour un employeur de produire en justice un message électronique provenant de la messagerie personnelle d'une salariée[13] ou sur la recevabilité de rapports d'enquête privée résultant d'opérations de filature et de

---

[10] G. GOUBEAUX, « Le droit à la preuve », *in La preuve en droit*, C. PERELMAN, P. FORIERS (dir.), Bruylant, 1981, p. 277 et s., spéc. p. 280 ; La théorisation du droit à la preuve s'est ensuite également manifestée dans le cadre de la thèse écrite par Madame le Professeur A. BERGEAUD : *Le droit à la preuve*, LGDJ, t. 525, 2010, 602 pages.

[11] J.-C. SAINT-PAU, « Droit à la preuve versus droit au respect de la vie privée », D. 2016, p. 884.

[12] V. BOCCARA, entretien avec C. GRIMALDI, « Du droit de la preuve au droit à la preuve, questions de mots ou changement de cap ? », LPA, 31 mai 2013, n° 109.

[13] Cass. soc. 26 jan. 2016, n° 14-15.360.

surveillance à proximité du domicile de l'intéressé et lors de ses déplacements[14]. Tant d'hypothèses variées qui montrent que le droit à la preuve se heurte parfois au principe du respect de la vie privée, protégé par les articles 8 de la Convention européenne des Droits de l'Homme et 9 du Code civil. Mais, le droit à la preuve, petit nouveau du droit processuel, doit aussi être respecté puisqu'il représente une composante autonome du droit au procès équitable[15]. Comment dès lors concilier ce droit indispensable qu'est celui à la preuve et ce droit de sauvegarde que représente le respect de la vie privée dans le cadre du procès civil ? La Cour de cassation, s'inspirant des procédés employés par la Cour européenne des Droits de l'Homme, a recherché un équilibre entre ces deux principes[16]. C'est la raison pour laquelle elle exige des juges du fond qu'ils s'adonnent à un contrôle de proportionnalité entre les intérêts contradictoires qui leur sont présentés. Si un tel contrôle doit être pratiqué, c'est tout d'abord parce qu'il est nécessaire puisque deux droits fondamentaux entrent en jeu **(I)**. Les critères formant ce contrôle devront ensuite être précisés **(II)**.

I. LA NÉCESSITÉ DU CONTRÔLE DE PROPORTIONNALITÉ

5. Le contrôle de proportionnalité est devenu essentiel afin de faire triompher soit le droit à la preuve, soit le droit au respect de la vie privée. C'est en effet le constat d'un conflit entre ces deux droits fondamentaux essentiels **(A)** qui a permis à la Cour de cassation de formuler le principe même de ce contrôle **(B)**.

A. L'OPPOSITION RENDANT NÉCESSAIRE LE CONTRÔLE

6. Le caractère indispensable du contrôle de proportionnalité découle naturellement de l'exercice que le justiciable fait de son droit à la preuve. En effet, dès lors que par ce droit il lui est reconnu la possibilité de soumettre au juge ses propres preuves, de par le principe de la liberté de la preuve[17], ces dernières peuvent avoir été obtenues

---

[14] Cass. civ. 1re, 25 fév. 2016, n° 15-12.403.

[15] G. LARDEUX, « Le droit à la preuve : tentative de systématisation », RTD civ., 2017, p. 1.

[16] E. VERGES, G. VIAL et O. LECLERC, *Droit de la preuve*, Thémis droit, PUF, 1ère éd., 2015, p. 364, spéc. n° 365.

[17] C. AYELA, « Le droit de la preuve en France », Gaz. Pal., 4 fév. 2012, n° 45, p. 15 : « *Le droit de la preuve en France est particulièrement libéral. Contrairement à*

de manière particulière. Ce constat se confirme dès lors que le développement des technologies facilite l'obtention des preuves, notamment en permettant des investigations très poussées. Ceci conduit naturellement à considérer que les preuves peuvent être récoltées de façon déloyale ou illicite. Parfois même, il ne peut en être autrement : certaines preuves ne peuvent être obtenues qu'en bafouant la vie privée de son adversaire[18]. Et la jurisprudence récente relative au droit à la preuve illustre parfaitement ce contraste entre loyauté et liberté de la preuve : c'est le cas du rapport d'un détective privé résultant d'une filature de presque deux ans avec prise de photographies et interrogations de tiers[19], de l'appréhension d'une lettre à caractère personnel[20], de la pénétration dans la boîte de messagerie électronique d'une salariée[21], l'établissement d'un rapport d'adultère par un huissier de justice[22], la subtilisation de correspondances amoureuses échangées entre deux hommes par l'ex-épouse de l'un d'entre eux[23], ou encore la prise de photographies par un syndicat de lettres de salariés attestant de leur volontariat pour travailler le dimanche alors que l'ouverture du magasin le dimanche était interdite[24]. Autant de procédés dont il est évident qu'ils sont de nature à porter atteinte à la vie privée de l'autre partie qui peut y voir une violation de sa sphère intime[25]. Une opposition apparaît donc entre un droit qualifié de procédural et un droit de nature subjective, autrement dit un droit de la personnalité. Pour reprendre les termes employés par le professeur Jean-Christophe Saint-Pau, il y a un conflit

---

une croyance largement répandue, selon laquelle notre droit implique en principe une preuve par écrit, le principe demeure dans l'immense majorité des situations, celui de la liberté probatoire ».

[18] N. FRICERO, « La recevabilité des preuves "déloyales" en matière civile », Procédures, déc. 2015, dossier n° 14.

[19] Cass. civ. 1re, 25 fév. 2016, n° 15-12.403.

[20] Cass. civ. 1re, 5 avr. 2012, *préc.*.

[21] Cass. soc., 1er juin 2017, n° 15-23.522.

[22] Cass. civ. 2e, 5 juin 1985, n° 83-14.268.

[23] CEDH (Deuxième Section), *N.N. et T.A. c. Belgique*, 13 mai 2008, req. n° 65097/01.

[24] Cass. soc., 9 nov. 2016, n° 15-10.203.

[25] B. BEIGNER, « Principe de proportionnalité entre droit à la preuve et droit au respect de la vie privée », D. 2017, p. 490 : « *Au sein du respect de la vie privée on trouve le "donjon" de celle-ci qui en est l'intimité [...]* ».

entre un « droit offensif », le droit à la preuve, et un « droit défensif », le droit au respect de la vie privée[26].

7. Mais ce conflit en révèle un second : celui entre les intérêts respectifs des parties. Les intérêts de la défense d'une part, matérialisés par la possibilité de soumettre ses propres preuves, et les intérêts personnels, voire sentimentaux d'autre part, qui trouvent leur réalisation dans le respect du principe de vie privée.

8. Il apparaissait donc nécessaire, en vue de faire triompher un de ces intérêts au détriment de l'autre, d'instaurer un contrôle spécifique. C'est le but du contrôle de proportionnalité dont la Cour de cassation a exigé l'application au moment même où elle a reconnu l'existence d'un droit à la preuve (B).

B. LA FORMULATION DU CONTRÔLE

9. Afin de concilier les intérêts contradictoires nés de l'opposition entre le droit à la preuve et le droit au respect de la vie privée, et afin d'éviter une atteinte démesurée à un droit fondamental, la Cour de cassation confère au juge un pouvoir de moralisation de la preuve, parce qu'il demeure le gardien de la loyauté procédurale. La Haute Juridiction lui permet alors d'opérer un véritable contrôle de proportionnalité *a posteriori*, c'est à dire après la production de la preuve. Il s'agit ainsi de limiter le principe de liberté de la preuve afin qu'il ne dégénère pas en abus.

10. Un tel contrôle avait préalablement été amorcé par la Cour européenne des Droits de l'Homme, aux termes de l'arrêt L.L contre France du 10 octobre 2006[27]. Dans le cadre d'un divorce entre deux époux, où l'ex-femme avait produit aux débats une pièce médicale couverte par le secret attestant de l'alcoolisme de son ex-mari, les juges européens avaient en effet *exigé que l'ingérence dans la vie privée, qui doit au préalable être prévue par la loi, devait avoir poursuivi un but légitime et avoir été nécessaire dans une société*

---

[26] J.-C. SAINT-PAU, « Droit à la preuve *versus* droit au respect de la vie privée », *préc.*
[27] CEDH (Deuxième Section), *L.L, c. France, 10 oct. 2006, préc.*

démocratique. La Cour de cassation s'est largement inspirée de ces critères pour édifier son contrôle. En témoigne un arrêt de la chambre commerciale du 15 mai 2007[28]*, lequel vise de manière implicite le droit à la preuve*[29]*, décidant que : « [...] toute atteinte à la vie privée n'est pas interdite, et qu'une telle atteinte peut être justifiée par l'exigence de la protection d'autres intérêts, dont celle des droits de la défense, si elle reste proportionnée au regard des intérêts antinomiques en présence [...] ».*

11. Cependant, force est de constater que l'arrêt du 15 avril 2012, qui consacre le droit à la preuve, n'est pas un arrêt qui pose le principe du contrôle de proportionnalité. Il en constitue seulement les prémices. Cette décision s'analyse davantage comme un « reproche » effectué par les juges de cassation aux juges du fond qui avaient écarté de manière trop « hâtive » la missive soumise par le plaideur « *sans rechercher si la production litigieuse n'était pas indispensable à l'exercice de son droit à la preuve, et proportionnée aux intérêts antinomiques en présence, la cour d'appel n'a pas donné de base légale à sa décision* ». En parlant d'intérêts antinomiques, sont visés le droit à la preuve et le droit au respect de la vie privée. Certes, il ne s'agit pas d'un arrêt de principe, mais la volonté de la Haute Juridiction de voir exercer un contrôle de proportionnalité était exprimée.

12. C'est ainsi que la formule employée par la Cour de cassation afin d'exiger un contrôle de proportionnalité va être précisée dans ses termes, pour être plus saisissable, par un arrêt de principe du 25 février 2016[30]. En effet, la première chambre civile y énonce que « *le droit à la preuve ne peut justifier la production d'éléments portant atteinte à la vie privée qu'à la condition que cette production soit indispensable à l'exercice de ce droit et que l'atteinte soit proportionnée au but poursuivi* ». Cette mise en balance des intérêts va en conséquence permettre au juge de se prononcer sur

---

[28] Cass. com., 15 mai 2007, n° 06-10.606.

[29] Les juges de la chambre commerciale font implicitement référence au droit à la preuve : « *constitue une atteinte au principe de l'égalité des armes résultant du droit au procès équitable garanti par l'article 6 de la Convention européenne des droits de l'homme le fait d'interdire à une partie de faire la preuve d'un élément de fait essentiel pour le succès de ses prétentions* ».

[30] Cass. civ. 1re, 25 fév. 2016, n° 15-12.403.

l'irrecevabilité de la pièce versée aux débats, c'est-à-dire de l'écarter pour ne pas en tenir compte.

13. Le conflit entre droit à la preuve et droit au respect de la vie privée a donc conduit la Cour de cassation à poser un véritable contrôle de proportionnalité, afin de faire triompher l'un des deux droits. Mais au-delà d'établir le principe même du contrôle, elle en énumère également les critères (II).

II. LES CRITÈRES DU CONTRÔLE DE PROPORTIONNALITÉ

14. La Cour de cassation, en même temps qu'elle édicte le principe du droit à la preuve, l'encadre de critères afin de permettre son application. Elle dégage en effet deux conditions afin de parvenir à faire triompher soit le droit à la preuve, soit le droit au respect de la vie privée : une production indispensable à l'exercice du droit à la preuve, qui s'analyse en un critère de nécessité, (A) et une atteinte proportionnée au but poursuivi par le plaideur, qui s'identifie à un critère de proportionnalité (B).

A. LE CRITÈRE DE NÉCESSITÉ

15. Par ce critère, le juge doit s'interroger sur le caractère indispensable du moyen probatoire produit devant lui. Autrement dit, le justiciable, pour alléguer ses prétentions, pouvait-il soumettre au juge un autre moyen de preuve que celui invoqué ? L'acte litigieux était-il le seul de nature à rapporter la vérité ou constitue-t-il seulement un moyen de preuve subsidiaire ?[31]

16. Il ne fait aucun doute que cette condition d'utilité tient à vérifier que le justiciable a convenablement et licitement fait usage des règles découlant de sa charge probatoire. En effet, le droit civil, consacrant certes la liberté de la preuve, offre plusieurs moyens au justiciable de rapporter la preuve de ce qu'il allègue : l'on pense notamment à l'article 145 du code de procédure civile qui permet de solliciter du juge, sur requête ou en référé, une mesure d'instruction *in futurum*,

---

[31] G. LARDEUX, « Le droit à la preuve, tentative de systématisation », *préc.* : « *Il ne suffit pas que la preuve produite soit utile ; elle doit être la seule possible* ».

afin de conserver ou d'établir avant tout procès la preuve de certains faits. Par exemple, dans l'arrêt de la Cour de cassation du 25 février 2016, il s'agissait de savoir si le fait pour l'assureur de la défenderesse de mandater un enquêteur privé constituait vraiment le seul moyen de contester les troubles de locomotion allégués de son adversaire. En pratique, d'autres procédés auraient pu être employés par les défendeurs, comme une expertise amiable contradictoire qui aurait pu permettre à un médecin qualifié de déterminer les troubles dont se prévalait la victime du dommage.

17. La recherche de cette condition d'utilité de la part des juges doit également s'accompagner d'une motivation suffisante de leur part. En effet, dans un arrêt plus ancien de la première chambre civile du 16 octobre 2008, la Cour de cassation avait reproché aux juges du fond de ne pas avoir assez recherché si la preuve était vraiment indispensable au requis pour défendre ses intérêts. La cour d'appel avait simplement décidé que la pièce litigieuse "*n'était pas dépourvue de rapport avec les faits objet de l'information judiciaire et pouvant au contraire leur conférer un éclairage particulier*"[32]. Le critère d'utilité n'était pas rempli selon la Haute Juridiction, puisqu'il appartenait aux juges du fond de caractériser plus précisément le caractère indispensable de la preuve.

18. Pour autant, dans le cadre des décisions récentes relatives au droit à la preuve, l'application de ce critère de nécessité s'avère inexistante. Il est étonnant en effet que ni la Cour de cassation ni les juges du fond ne fassent usage de ce critère. Dans chaque arrêt concerné par le contrôle de proportionnalité, seulement la deuxième condition, relative au caractère disproportionné des moyens employés, est mentionnée. Le professeur Gwendoline Lardeux explique cette absence d'application par le fait que les pourvois sont formés sur le seul moyen d'une atteinte disproportionnée à la vie privée, ce qui conduirait les juges à se passer de cette condition[33]. Ceci paraît curieux dans la mesure où le principe posé par la Haute Juridiction est clair : « *le droit à la preuve ne peut justifier la production d'éléments portant atteinte à la vie privée qu'à la condition que cette production soit indispensable à l'exercice de ce droit et que l'atteinte soit*

---

[32] Cass. civ. 1re, 16 oct. 2008, n° 07-15.778.

[33] G. LARDEUX, « Le droit à la preuve, tentative de systématisation », *art. préc.*

proportionnée au but poursuivi ». Il s'agit donc de deux critères cumulatifs, et non alternatifs. Il est ainsi difficile de comprendre comment un principe aussi récent soit déjà limité en pratique.

19. Si la première condition de nécessité est sujette à quelques discussions, la seconde est celle qui constitue la raison d'être du contrôle de proportionnalité.

B. LE CRITÈRE DE PROPORTIONNALITÉ

20. Le caractère indispensable de la preuve ne suffit pas à justifier une atteinte au droit au respect de la vie privée. Encore reste-t-il au juge à vérifier si les procédés employés par le plaideur ont été proportionnés au but poursuivi. Autrement dit, il va s'agir de déterminer si l'intrusion dans la vie privée de l'adversaire n'a pas été opérée de manière exagérée par rapport à ce qu'invoque la partie ayant versé aux débats la pièce litigieuse. Apparaît ici une notion de « raisonnable » dans la mise en œuvre du travail probatoire du plaideur. Cette condition n'est semble-t-il pas difficile à appliquer. Le juge doit ainsi s'adonner à une analyse *in concreto* de l'affaire et relever le caractère ou non « abusif » des investigations menées. Soit elles ont été raisonnablement menées, et la preuve est recevable, soit elles l'ont été de manière trop poussée et intrusive, et la preuve sera écartée des débats.

21. Il est évident que la portée de cette condition va varier en fonction du domaine concerné. Si, comme l'affirme le professeur Lardeux, le respect dû à la vie privée doit plus aisément s'effacer en matière de droit de la famille[34], où l'intimité des rapports en est l'essence même, il en est autrement en droit des assurances. Ainsi, le contrôle effectué par le juge sera sans doute plus souple dans le cadre des divorces ou des successions. C'est ce qu'admet la Cour européenne des Droits de l'Homme dans l'arrêt *L.L. contre France* précité : « *En l'espèce, la Cour note d'emblée que l'affaire s'inscrit dans le cadre d'une procédure civile en divorce, qui est par nature une procédure au cours de laquelle des éléments de l'intimité de la vie privée et familiale des parties sont susceptibles d'être révélés, et où il est d'ailleurs de*

---

[34] G. LARDEUX, « Du droit de la preuve au droit à la preuve », D. 2012, p. 1596.

l'office du juge de s'ingérer dans la sphère privée du couple pour mettre en balance des intérêts opposés et trancher le litige qui lui est soumis »[35]. Cette conception est aussi valable en droit du travail dans la mesure où le lieu de travail et le matériel qui y est attaché ne sont pas censés être utilisés à des fins privées[36].
En revanche, le contrôle sera sans doute plus attentif dans les autres matières. En témoigne l'arrêt du 25 février 2016 précité dans lequel, pour constater une atteinte au respect de la vie privée par un assureur, la Cour de cassation relève que les investigations objets des rapports s'étaient déroulées sur plusieurs années allant jusqu'à deux mois dans la durée pour l'une d'entre elles, qu'il y avait eu de la part de l'enquêteur des vérifications administratives, l'interrogation de tiers susceptibles de donner des informations sur l'état de santé de la victime, ainsi que « *la mise en place d'opérations de filature et de surveillance à proximité du domicile de l'intéressé et lors de ses déplacements* ». Dans un autre arrêt du 30 mars 2010, la Cour de cassation a estimé que la pénétration d'un enquêteur sur un terrain pour mener son expertise, endroit duquel il avait été auparavant, pour une première enquête, invité à quitter par la personne y habitant, constituait une atteinte disproportionnée au droit au respect de la vie privée[37]. À l'inverse, le 31 décembre 2012, la Cour de cassation avait fait triompher le droit à la preuve en considérant que *« les atteintes portées à la vie privée de M. X..., sur la voie publique ou dans des lieux ouverts au public, sans provocation aucune à s'y rendre, et relatives aux seules mobilité et autonomie de l'intéressé, n'étaient pas disproportionnées au regard de la nécessaire et légitime préservation*

[35] CEDH (Deuxième Section), *L.L, c. France*, *préc.*, § 45.
[36] P. ADAM, « Droit (de l'employeur) à la preuve et vie privée (du salarié) », Dalloz IP/IT 2016, p. 211 ; CEDH (Grande Chambre), *Bărbulescu c. Roumanie*, 12 jan. 2016, req. n° 61496/08.
[37] Cass. civ. 3e, 10 mars 2010, n° 09-13.082 : « *[...] ayant constaté qu'il ressortait des termes mêmes du rapport d'expertise de M. Z... du 10 janvier 2006 que ses opérations s'étaient déroulées sur place en compagnie de M. X... après un simple avis téléphonique à Mme Y... qui les avaient priés par la suite de quitter les lieux, qu'une telle autorisation n'avait pas été sollicitée non plus lors de sa deuxième intervention le 7 novembre 2006, la cour d'appel, qui a retenu justement que M. X... ne pouvait pénétrer avec M. Z... sur la parcelle louée à Mme Y... qu'après accord préalable de celle-ci, en a exactement déduit, sans violer le principe de l'égalité des armes résultant du droit au procès équitable garanti par l'article 6 de la Convention de sauvegarde des droits de l'homme, alors qu'une autorisation judiciaire n'avait pas été sollicitée, que ces deux rapports devaient être écartés des débats* ».

des droits de l'assureur et des intérêts de la collectivité des assurés ». Ici, le caractère public des investigations et l'intérêt de la collectivité des assurés avaient permis de caractériser une atteinte proportionnée au respect de la vie privée. La Cour de cassation admet donc la licéité des filatures effectuées dans les lieux publics par les compagnies d'assurances. Toutefois, cette filature, alors qu'elle porte une certaine atteinte à la vie privée, ne doit pas non plus dépasser « l*es nécessités de l'enquête privée* ». C'est ce qu'a relevé la première chambre civile dans un arrêt du 22 septembre 2016, en considérant que le « détective » commis par l'assureur avait mené des investigations trop intrusives puisqu'elles portaient sur l'intérieur même du domicile de la personne « suivie », ce qui était accompagné d'une description physique et d'une tentative d'identification des personnes y résidant et d'une description précise des déplacements de l'autre partie.

22. L'on remarque donc les différents facteurs permettant au juge de statuer sur l'intensité de l'ingérence dans la vie privée : la durée des opérations de surveillance, la proximité de l'enquêteur des lieux de vie de l'autre partie, la nature de ces lieux ou encore l'interrogation d'un nombre important ou non de tiers.

23. La recherche d'un équilibre entre les deux intérêts antinomiques que représentent le droit à la preuve et le droit au respect de la vie privée révèle l'importance attachée au contrôle de proportionnalité. Ce contrôle, qui renforce l'objectivité des juges dans l'exercice de leur *juris dictio*, leur permet ainsi d'assurer avec effectivité leur mission de veiller au bon déroulement de l'instance. Le succès attribué au contrôle de proportionnalité explique assurément sa tendance à se généraliser dans diverses branches du droit. En témoignent la théorie du bilan coût-avantage appliquée par les juges administratifs[38] ou encore le contrôle de proportionnalité exigé par la Cour européenne des Droits de l'Homme dans le cadre du respect du principe du délai raisonnable[39].

[38] CE, ass., 28 mai 1971, *Ville nouvelle Est*, Lebon 409 ; GAJA 2015, p. 81.
[39] CEDH (Grande Chambre), *Frydlender c. France*, 27 juin 2000, req. n° 30979/96, § 43.

La Procédure en matière de délits boursiers : entre singularité et originalité

Roxanne BEL-RAMON

Si le droit pénal boursier a connu une lente éclosion, il est, aujourd'hui, une matière qui s'affirme, tant les enjeux y sont considérables. Ces derniers, aussi divers soient-ils, présentent une attraction particulière dans le domaine procédural. En effet, la procédure n'est pas seulement pénale, mais elle est aussi administrative. Ces deux procédures, en cohabitation à l'intérieur d'un même système répressif, ont fait l'objet de vifs débats, notamment sur le plan des droits fondamentaux et de l'organisation juridictionnelle. C'est notamment sous l'impulsion des jurisprudences européenne et constitutionnelle que la loi du 21 juin 2016 est venue réformer cette dualité de procédure, laissant, toutefois, sur certains points un goût d'inachevé. Outre cette réforme, d'autres aménagements procéduraux ont été prévus afin de rendre la poursuite de ces délits plus efficace.

1. **Propos liminaires** – Georges Darien écrivait dans *Le voleur*, « *la bourse est une institution (...) où les charlatans qui y règnent sont d'abominables gredins* »[1]. Telle est l'image que cette entité reflète dans l'opinion publique[2], et c'est pourquoi le droit français a choisi l'arme répressive pour enrayer les pratiques boursières déviantes. Pour répondre à cet objectif, il doit prévoir un arsenal efficace tant sur le plan substantiel que procédural, les deux étant indissociables[3]. Ainsi, pour mettre en œuvre les règles de fond, encore faut-il pouvoir

[1] G. DARIEN, *Le voleur*, 1897.

[2] Essentiellement parce que la spéculation, qui est la traduction directe de la bourse dans l'opinion publique, revêt une connotation plutôt négative. Sur l'aspect moral v. H. DE VAUPLANE, « Morale et bourse : un long malentendu », Mél. D. SCHMIDT, éd. Joly, 2005, p. 222 ; H. DE VAUPLANE, « Critiques de la spéculation boursière dans la littérature et la jurisprudence en France au 19e siècle », Mél. P. DIDIER, Economica, 2008, p. 449 ; H. DE VAUPLANE et M. DUBERTRET, « Quel fondement à la répression des abus de marché ? », in *Livre du bicentenaire du Code pénal et du Code d'instruction criminelle*, Dalloz, 2010, p. 631, n° 12 s.

[3] A. REYGROBELLET, B. FRANCOIS et al., « La réforme du contentieux boursier : répression des abus de marché en France et solutions étrangères », BJB nov. 2016, n° 11, p. 468.

s'appuyer sur des règles de forme appropriées. Afin que l'impunité ne soit jamais consacrée[4], les règles procédurales doivent pouvoir allier respect des droits fondamentaux et efficacité répressive. Tel est donc le point névralgique de cette étude : la procédure.

2. **Contexte** – Contrairement au droit américain qui, depuis 1933, s'est doté d'une législation et d'une institution chargée de veiller au bon fonctionnement des marchés boursiers[5], le droit pénal boursier français est relativement récent, puisque c'est avec la création de la Commission des opérations de bourse – COB ci-après – par l'ordonnance du 28 septembre 1967[6] et l'avènement de délits spécifiques, que la matière a réellement émergé[7]. Ce sont les politiques en faveur des investissements dans les instruments financiers[8] qui ont rendu le droit pénal nécessaire ; et pour rendre le marché attractif c'est-à-dire efficient en termes de concurrence[9], il fallait attiser la confiance[10] des investisseurs et épargnants, et par conséquent, leur permettre de bénéficier de garanties juridiques.

---

[4] H. DE VAUPLANE et M. DUBERTRET, « Quel fondement à la répression des abus de marché ? », *art. préc.*, spéc. n° 1 à 3, en effet le Code pénal de 1810 ne réprimait que l'agiotage. Toutes manipulations sur les marchés boursiers ne trouvaient pas d'équivalence en droit pénal, et restaient donc impunies.

[5] N. RONTCHEVSKY, « La responsabilité pénale », BJB mai 2007, n° 3, p. 335. Suite à la crise de 1929, le Congrès Américain adopta le Securities Act en 1933 et le Securities Exchange Act en 1934 qui amena à la création de la SEC (Securities and Exchange Commission), chargée de surveiller les marchés financiers américains.

[6] Ordonnance n° 67-833 du 28 sept. 1967, JORF 29 sept. 1967, p. 9589. La mission principale dévolue à la COB était de veiller sur l'épargne investie et de surveiller les marchés financiers afin de garantir leur stabilité, notamment via leur transparence et leur fiabilité.

[7] M. VÉRON, *Droit pénal des affaires*, 11e éd., Dalloz, coll. Cours, 2016, n° 442. C'est la loi du 23 décembre 1970 amendant l'ordonnance de 1967 qui créa les délits d'initié et de fausse information.

[8] N. RONTCHEVSKY, « La responsabilité pénale », *art. préc.*, n° 3. Ce sont les pouvoirs publics qui ont favorisé l'appel public à l'épargne et à l'investissement massif dans les valeurs mobilières, afin de favoriser le financement des entreprises.

[9] A. REYGROBELLET, B. FRANCOIS et al., « La réforme du contentieux boursier : répression des abus de marché en France et solutions étrangères », *art. préc.* La pleine efficience des marchés reposerait sur « *un idéal de concurrence pure et parfaite* ». Cet idéal passe notamment par la transparence et la fiabilité du marché.

[10] H. DE VAUPLANE et M. DUBERTRET, « Quel fondement à la répression des abus de marché ? », *art. préc.* Selon les auteurs, la confiance est le fondement de la répression des abus de marché.

3. **Évolutions** – Diverses réformes se sont ensuite succédées afin d'étoffer le droit pénal boursier[11] ainsi que la répression administrative. Ce sont notamment les missions de la COB qui ont crû[12]. Si à l'origine, sa mission première était de surveiller[13], elle est très vite devenue un organe de régulation, d'enquête et de sanction[14]. Aujourd'hui la COB n'existe plus en tant que telle, puisque celle-ci a été absorbée par l'Autorité des marchés financiers – AMF ci-après – créée en 2003[15]. Cette dernière est une autorité administrative indépendante et dispose des mêmes pouvoirs que ceux qui étaient notamment dévolus à la COB[16]. Elle édicte son propre règlement et définit les manquements susceptibles d'être poursuivis et réprimés par elle[17]. Elle est, à ce titre, une véritable concurrence pour le juge pénal[18].

---

[11] M. VÉRON, *Droit pénal des affaires*, *op. cit.*, n° 442. Toutes les infractions sont aujourd'hui codifiées dans le Code Monétaire et financier depuis l'ordonnance du 14 décembre 2000.

[12] H. DE VAUPLANE et J.-P. BORNET, *Droit de la bourse*, Litec, 1994, n° 17 s.

[13] Possibilité de formuler des propositions de modifications des lois et règlements, v. A. LEPAGE, P. MAISTRE DU CHAMBON et R. SALOMON, *Droit pénal des affaires*, 3e éd., LexisNexis, coll. Manuel, 2013, n° 922.

[14] La loi du 2 août 1989 lui a octroyé un pouvoir de sanction, ce qui est sans doute l'élément le plus significatif de son évolution.

[15] Loi n° 2003-706 du 1er août 2003 relative à la sécurité financière, qui vient en transposition de la directive Abus de marché du 28 janvier 2003 obligeant les Etats membres à instaurer une autorité administrative unique dotée des pouvoirs d'enquête et de sanction. Ce qui explique l'absorption par l'AMF de toutes les autorités administratives agissant en bourse (Conseil des marchés financiers et Conseil de discipline de la gestion financière qui disposaient d'un pouvoir de surveillance, contrôle et sanction disciplinaire). V. M.-A. FRISON-ROCHE, « Les contours de l'Autorité des marchés financiers », Mél. AEDBF, vol. IV, éd. RB, 2004, p. 165.

[16] Ainsi qu'aux autres autorités administratives qu'elle a absorbées. V. D. COSTA, « L'Autorité des marchés financiers : juridiction ? quasi-juridiction ? pseudo-juridiction ? », RFDA 2005, p. 1174. L'AMF dispose du pouvoir règlementaire, du pouvoir de prendre des décisions individuelles, du pouvoir d'enquête et d'injonction, et enfin du pouvoir de sanction administrative et disciplinaire.

[17] Sur la régulation, v. J. CHEVALLIER, « Les Autorités administratives indépendantes et la régulation des marchés », Rev. Justices, n° 1, janv.-juin 1995, p. 81.

[18] S. LOYRETTE, *Le contentieux des abus de marché*, éd. Joly, 2007, p. 13 s. ; Y. MAYAUD, « La justice pénale dans le monde des affaires, Libre propos sur une crise d'autorité », Rev. Justices, n° 1, janv.-juin 1995, p. 35.

4. **Droit européen** – Le droit européen s'intéresse également à la réglementation des marchés financiers, puisque celle-ci est inhérente à la stabilité économique. En effet, l'objectif, à travers la répression des abus de marché, est considérable puisqu'il est de permettre aux économies nationale et internationale de prospérer et de croître[19]. Ainsi, l'Union européenne a opté pour une politique en faveur de l'harmonisation des législations nationales, afin de favoriser la coopération entre États membres[20] et d'assurer la cohérence des systèmes répressifs[21]. Progressivement, d'autres textes européens sont venus compléter, voire réformer le dispositif en matière d'abus de marché[22], laissant toutefois la double répression administrative et pénale subsister[23].

5. **Enjeux** – Outre l'aspect économique, la répression des infractions boursières répond à des enjeux particuliers, tant sur le plan des droits fondamentaux que sur le plan de l'efficacité répressive. C'est pourquoi le maintien de la répression administrative en parallèle à la

---

[19] F. STASIAK, « La répression des abus de marché en droit de l'Union européenne ou les dérives d'un continent », in *Humanisme et Justice*, Mél. G. GIUDICELLI-DELAGE, Dalloz, 2016, p. 1005. Ainsi comme le précise l'auteur, l'objectif est bien d'assurer l'intégrité des marchés « *en luttant efficacement contre les abus de marché afin de renforcer la confiance des investisseurs* ».

[20] N. RONTCHEVSKY, « La responsabilité pénale », *art. préc.* V. Directive 2003/6/CE du 28 janvier 2003 dite Abus de marché, JOUE L. 96 du 12 avr. 2003, p. 16-25, considérant n° 12 : « *(...) Il est, en conséquence, souhaitable d'adopter un corps de règles communes (...) Une directive unique garantira, dans l'ensemble de la Communauté, le même cadre pour la répartition des responsabilités, l'application des règles et la coopération* ».

[21] Directive 2003/6/CE du 28 janvier 2003, *préc.*, considérant n° 11 : « *(...) Les obligations légales varient d'un Etat membre à l'autre, ce qui laisse souvent les opérateurs économiques dans l'incertitude quant aux concepts, aux définitions et à leur application (...)* ».

[22] V. not. Directive 2014/57/UE du 16 avr. 2014 relative aux abus de marché, JOUE n° L. 173 du 12 juin 2014, p. 179-189 ; Règlement 596/2014 du 16 avr. 2014 sur les abus de marché, JOUE n° L. 173 du 12 juin 2014, p. 1-61. Pour un exposé sur les apports de ces deux textes communautaires, v. not. A. BELLEZZA, « Les timides apports de la directive et du règlement communautaire du 16 avr. 2014 en matière de répression des abus de marché », RSC 2015, p. 383 ; N. CATELAN, « Constitution vs CESDH vs UE : ne bis in idem et la répression des opérations d'initié », RSC 2016, p. 467 ; P.-H. CONAC, « Le nouveau cadre européen de la répression des abus de marché », BJB févr. 2016, n° 2, p. 71.

[23] F. STASIAK, « La répression des abus de marché en droit de l'Union européenne ou les dérives d'un continent », *art. préc.*, spéc. p. 1009 s.

répression pénale se montre des plus attractifs[24], car la première a l'avantage de présenter des résultats satisfaisants, dont ne peut pas se prévaloir la seconde. Le recours au juge pénal ne saurait, par conséquent, être à lui seul un gage d'efficacité, parce que la procédure pénale présente des lenteurs[25] dues, notamment, au respect plus rigoureux des droits fondamentaux. Nombre de ces derniers, au nom de l'efficacité répressive, se retrouvent malmenés, le plus souvent à l'occasion de la procédure répressive administrative. L'exemple le plus édifiant est probablement celui ayant trait au respect du principe ne bis in idem, qui interdit une double condamnation pour des mêmes faits à l'égard d'une même personne[25]. D'autres exemples peuvent être cités, comme l'atteinte à la présomption d'innocence[27] ou à l'impartialité[28].

6. **Problématique** – Ainsi, le grand particularisme en la matière tient au fait qu'en parallèle de la procédure pénale, coexiste une procédure administrative répressive devant l'AMF. Évidemment, cette dualité existe ailleurs, comme par exemple dans le domaine de la concurrence

---

[24] G. RAMEIX, « Le point de vue du régulateur boursier », BJB mars 2017, n° 2, p. 151.

[25] Par exemple, l'affaire Vivendi Universal n'a donné lieu à un procès, en première instance, qu'après neuf années d'instruction, tandis que la procédure administrative est intervenue moins de trois ans après les faits délictueux, soit la diffusion de fausses informations, v. A.-V. LE-FUR et D. SCHMIDT, « Il faut un tribunal des marchés financiers », D. 2014, p. 551, n° 16.

[26] V. not. C. COPAIN, « Le principe ne bis in idem : entre harmonisation et dissonances européennes », AJ pén. 2013, p. 270 ; R. PARIZOT, « Le principe ne bis in idem dans la jurisprudence de la Cour européenne des droits de l'homme », AJ pén. 2015, p. 173 ; B. AUBERT, « Le principe ne bis in idem dans la jurisprudence de la CJUE », AJ pén. 2015, p. 175 ; R. SALOMON, « Le principe ne bis in idem et les infractions boursières », JCP E n° 15, avr. 2015, p. 1182.

[27] Pour un exemple d'atteinte à la présomption d'innocence, v. S. ROBINEAU « Sanction de la méconnaissance de la présomption d'innocence par la COB », JCP E n° 3, janv. 2000, p. 85 ; contra. v. J.-P. PONS-HENRY et J.-G. TOCQUEVILLE, « Publication des sanctions de l'AMF : l'absence d'atteinte à la présomption d'innocence ne saurait clore le débat », BJB mai 2017, n° 3, p. 191. Il semble toutefois que cette atteinte soit désormais enterrée au gré des réformes.

[28] A.-V. LE-FUR, « L'organisation structurelle de l'AMF suffit-elle à garantir le respect des exigences constitutionnelles d'indépendance et d'impartialité ? », BJB avr. 2014, p. 199 ; D. SCHMIDT et A.-V. LE-FUR, « Pour un tribunal des marchés financiers », BJB janv. 2015, n° 1, p. 24.

ou de la fiscalité[29], mais elle ne présente pas autant de particularités. En effet, le contentieux financier réunit cumulativement les attributs suivants : les sanctions administratives ont une coloration pénale ; les délits pénaux et manquements administratifs sont définis de manière quasi similaire ; les sanctions de nature pénale sont à la fois prévues par le droit pénal interne, par le droit répressif administratif et par le droit de l'Union européenne ; les personnes pouvant être sanctionnées ne sont pas exclusivement les personnes régulées[30].

L'AMF exerce un réel pouvoir de sanction[31], lequel est volontiers rattaché, aujourd'hui, à la matière pénale[32], selon les critères Engel[33] dégagés par la Cour européenne des droits de l'homme, essentiellement en raison de leur gravité[34]. Néanmoins, l'AMF ne peut pas prononcer de peines privatives de liberté, lesquelles sont l'apanage exclusif du juge pénal[35]. Mais, quelle différence existe-t-il entre le droit pénal et la matière pénale ? Il est acquis que la procédure pénale est soumise aux principes de l'article 6 de la Convention européenne des droits de l'homme[36] relatifs au

[29] V. not. C. SOURZAT, « Essai d'une analyse des rapports entre procédures fiscale et pénale », RSC 2016, p. 199 ; J.-B. BOSQUET-DENIS, « La distinction du contentieux pénal fiscal et du contentieux administratif fiscal », RSC 1995, p. 531.

[30] Pour une étude plus approfondie de ces particularismes, v. D. SCHMIDT et A.-V. LE-FUR, « Pour un tribunal des marchés financiers », *art. préc.*

[31] T. BONNEAU, « Sanction administrative, juge pénal et droit pénal en matière financière », in *Livre du bicentenaire du Code pénal et du Code d'instruction criminelle*, Dalloz, 2010, p. 119, n° 4 s. ; E. ALLAIN, « Le rôle punitif de l'Autorité des marchés financiers », AJ pén. févr. 2011, p. 66 ; M. VÉRON, *Droit pénal des affaires*, *op. cit.*, n° 445 s.

[32] M. DELMAS-MARTY, *Pour un droit commun*, Seuil, 1994, p. 145 s.

[33] Cour EDH, 8 juin 1976, *Engel et autres c/ Pays-Bas*, aff. n° 5100/71, série A, n° 22 ; AFDI 1985, p. 403, obs. V. COUSSIRAT-COUSTÈRE ; JDI 1978, p. 695, obs. P. ROLLAND ; CDE 1978, p. 364, obs. G. COHEN-JONATHAN ; RTD eur. 2015, p. 235, obs. L. D'AMBROSIO et D. VOZZA. Le premier critère tient à la qualification juridique de l'infraction concernée en droit interne, le deuxième est relatif à la nature de l'infraction, le troisième est celui du but/nature de la sanction, et le quatrième est relatif à la gravité de la sanction encourue. Il est à noter que ces critères ne sont pas cumulatifs, un seul étant suffisant pour faire entrer l'infraction en question dans le champ de la matière pénale.

[34] J.-F. RENUCCI, *Droit européen des droits de l'homme*, 7e éd., LGDJ, 2017, n° 375. L'auteur qualifie les sanctions prononcées par l'AMF de « *parapénales* ».

[35] Art. 66 Constitution de 1958, l'autorité judiciaire est gardienne de la liberté individuelle.

[36] C. GAUTHIER, S. PLATON et D. SZYMCZAK, *Droit européen des droits de l'Homme*, Sirey, 2017, p. 315 s. ; C. MAURO, « Le rôle des juridictions répressives

procès équitable. Or, si un État choisit de ne pas qualifier l'infraction de pénale, mais de lui donner, par exemple, une coloration disciplinaire ou administrative, on pourrait penser que les garanties procédurales en question ne devraient pas s'appliquer. Pourtant, du point de vue de la Cour européenne des droits de l'homme, une solution pareille n'est pas envisageable, puisque selon elle, « *une telle latitude risquerait de conduire à des résultats incompatibles avec le but et l'objet de la Convention* »[37]. C'est là tout l'intérêt de la notion de matière pénale, car celle-ci permet l'application extensive des garanties de l'article 6 de la Convention aux sanctions administratives[38].

Toutefois, l'AMF n'est pas une juridiction[39], et n'est donc pas soumise à la même rigueur procédurale que les juridictions, notamment pénales[40]. Dès lors, il est difficilement concevable qu'une autorité administrative indépendante puisse prononcer une sanction à caractère pénal, sans être astreinte à cette même rigueur[41], d'autant plus que sa légitimité reste contestable[42].

---

dans la protection des droits fondamentaux dans l'Union européenne », in *Les droits fondamentaux dans l'Union européenne, Dans le sillage de la Constitution européenne*, Bruylant, 2009, p. 277 ; J.-P. MARGUÉNAUD, « La dérive de la procédure pénale française au regard des exigences européennes », D. 2000, p. 249.

[37] Cour EDH, *Engel et autres c/ Pays-Bas, préc.*, §81.

[38] J.-F. BRISSON, « Les pouvoirs de sanction des autorités de régulation et l'article 6§1 de la Convention européenne des droits de l'homme, À propos d'une divergence entre le Conseil d'Etat et la Cour de cassation », AJDA 1999, p. 847 ; C. DUCOULOUX-FAVARD, « Les autorités administratives indépendantes et l'article 6 de la Convention européenne des droits de l'homme », LPA 15 oct. 1999, n° 206, p. 4, spéc. p. 6 s., n. ss. Paris, 2 juil. 1999.

[39] J.-J. DAIGRE, « Faut-il scinder l'AMF ? », BJB juill. 2011, n° 07, p. 413. L'auteur soulève des interrogations quant à la nature juridictionnelle de l'AMF, « *n'est-elle pas déjà une juridiction qui ne dit pas son nom ?* ».

[40] F. BRUNET, « De la procédure au procès : le pouvoir de sanction des autorités administratives indépendantes », RFDA 2013, p. 113.

[41] J.-P. FELDMAN, « L'AMF respecte-t-elle les droits de la défense ? », D. 2009, p. 2756 ; J.-B. DUBRULLE, « La difficile conciliation de l'article 6 de la CEDH avec le pouvoir de sanction des autorités administratives indépendantes », LPA juill. 2007, n° 137, p. 14.

[42] Art. 66 Constitution de 1958 ; contra N. RONTCHEVSKY, « L'application du principe des droits de la défense aux enquêtes de l'Autorité des marchés financiers », BJB nov. 2011, n° 11, p. 582, n. ss. Cass. com. 12 juil. 2011, n° 10-28375. L'auteur remarque la légitimité de l'AMF, qu'il considère comme un véritable « *juge de droit commun des infractions boursières* ».

7. **Plan** – La problématique s'articulant autour de la dualité de répression, interrogeant sur l'application du principe ne bis in idem, a fait l'objet d'une récente réforme, démontrant alors une évolution certaine (I). Ce principe, qui n'a, pour l'heure, toujours pas valeur constitutionnelle, invite à réfléchir sur la cohérence d'un système qui semble parfois dériver au regard de l'application des garanties fondamentales. Cela est d'autant plus vrai que le particularisme du contentieux financier – par les enjeux qu'il présente – qui commande une certaine efficacité répressive, a conduit le législateur à prévoir des aménagements procéduraux propres à la matière, qui donnent un peu plus l'illusion d'un désordre procédural (II).

I. UNE PROCÉDURE DUALE ÉVOLUTIVE

8. **Plan** – Cette dualité, longtemps admise, a suscité de vives critiques au regard de l'application du principe ne bis in idem (A), et sous l'impulsion de la jurisprudence européenne des droits de l'homme, la loi du 21 juin 2016[43] est venue amender le dispositif (B) afin de prévenir une éventuelle condamnation de la France.

A. UN CUMUL INITIALEMENT ADMIS

9. **Origines de la coexistence de deux procédures répressives** – Le droit français, depuis la création de la COB, a toujours favorisé la coexistence des deux procédures – pénale et administrative – également promue par l'Union européenne. En effet, une première Directive, en date du 13 novembre 1989[44], instaura une voie administrative obligatoire[45] ; puis, une deuxième Directive, en date du 28 janvier 2003[46], contraignit les États membres à confier un pouvoir

---

[43] Loi n° 2016-819 du 21 juin 2016 réformant le système de répression des abus de marché, JORF n° 0144 du 22 juin 2016.

[44] Directive 89/592/CEE du Conseil du 13 nov. 1989, concernant la coordination des réglementations relatives aux opérations d'initiés, JOCE n° L. 334, 18 nov. 1989, p. 30.

[45] Art. 8 : « *Chaque Etat désigne le ou les autorités administratives compétentes pour veiller, le cas échéant en collaboration avec d'autres autorités, à l'application des dispositions adoptées en exécution de la présente directive* ».

[46] Directive 2003/6/CE du Parlement européen et du Conseil dite « Abus de marché », JOCE n° L. 96, 12 avr. 2003, p. 16.

de sanction à une Autorité administrative unique, chargée de veiller au respect des prescriptions européennes, afin d'harmoniser les législations nationales. Ce texte privilégia la voie administrative, laissant, en conséquence, une place marginale à la voie pénale[47]. Néanmoins, la Directive du 16 avril 2014[48] renversa la tendance, préférant ainsi la procédure pénale à la procédure administrative, sans que cette dernière ne soit pour autant abandonnée. Ladite Directive estima, en effet, que la procédure administrative « *s'[était] révélée jusqu'ici insuffisante pour assurer le respect des règles relatives à la prévention et à la lutte contre les abus de marché* »[49].

La procédure pénale est, depuis, la reine des procédures[50] en droit européen, car elle permet de « *[marquer] une désapprobation sociale plus forte que les sanctions administratives* » [51] concernant les atteintes les plus graves. La coexistence des deux ordres répressifs, qui trouve un écho particulier en droit français, se trouve ainsi confortée par le droit européen.

10. **Système français initial** – Le droit répressif français permettait que les procédures administrative et pénale interviennent concurremment et indépendamment l'une de l'autre, ce qui pouvait aboutir à une double poursuite, voire une double condamnation, pour toutes personnes ayant commis un abus de marché. Autrement dit, si le comportement en cause était puni par le Règlement général de l'AMF, au titre d'un manquement administratif, et par le Code monétaire et financier[52], au titre d'une infraction pénale, alors, il

[47] Art. 14 : « *Sans préjudice de leur droit d'imposer des sanctions pénales, les Etats membres veillent à ce que (...) des mesures administratives appropriées puissent être prises ou des sanctions administratives appliquées (...) les Etats membres garantissent que ces mesures sont effectives, proportionnées et dissuasives* » ; F. STASIAK, « La répression des abus de marché en droit de l'Union européenne ou les dérives d'un continent », *art. préc.*

[48] Directive 2014/57/UE du Parlement européen et du Conseil dite « Abus de marché », JOUE n° L. 173/179, 12 juin 2014.

[49] Considérant 5 de la Directive 2014/57, *préc.*

[50] Toutefois, la voie pénale ne semble pas être privilégiée en France au regard de la rareté des poursuites engagées, v. N. RONTCHEVSKY, « La responsabilité pénale », *art. préc*, n° 54 s.

[51] Considérant 6 de la Directive 2014/57, *préc.*

[52] Il faut rappeler que les manquements administratifs et les infractions pénales sont rédigés de manière quasi-similaire, à la différence que les premiers sont objectifs, en ce qu'ils ne requièrent pas l'intention coupable à l'instar des secondes.

pouvait faire l'objet de poursuites devant la Commission des sanctions de l'AMF et devant le Tribunal correctionnel de Paris[53].

11. **Atteinte incontestable au principe ne bis in idem** – Ce cumul de procédures était évidemment contestable au regard du principe ne bis in idem qui prévoit que « *nul ne peut être poursuivi ou puni pénalement par les juridictions du même État en raison d'une infraction pour laquelle il a déjà été acquitté ou condamné par un jugement définitif conformément à la loi et à la procédure pénale de cet État* »[54]. Ce principe fondamental[55] mériterait, en outre, d'être constitutionnellement consacré, au regard du principe de sécurité juridique d'une part, et du principe d'équité d'autre part[56]. Il est à noter que certains pays, tels que l'Allemagne[57], lui ont donné une force constitutionnelle.

[53] Art. 705-1 CPP. La juridiction de jugement de Paris a seule compétence pour réprimer les infractions boursières.

[54] Art. 4§1 du Protocole additionnel n° 7 de la Convention EDH. L'article 50 de la Charte des droits fondamentaux de l'UE prévoit en des termes similaires que « *nul ne peut être poursuivi ou puni pénalement en raison d'une infraction pour laquelle il a déjà été acquitté ou condamné dans l'Union par un jugement pénal définitif conformément à la loi* ». L'article 14§7 du Pacte international relatif aux droits civils et politiques, selon lequel « *nul ne peut être poursuivi ou puni en raison d'une infraction pour laquelle il a déjà été acquitté ou condamné par un jugement définitif conformément à la loi et à la procédure pénale de chaque pays* », consacre également ce principe.

[55] Il est un principe fondamental car l'article 4 du Protocole additionnel n° 7 n'autorise aucune dérogation au titre de l'article 15 de la Convention EDH, ce qui en fait donc un « *droit absolu* » ; J.-F. RENUCCI, *Droit européen des droits de l'homme*, *op. cit.*, n° 452.

[56] J. LASSERRE CAPDEVILLE, C. MASCALA et S. NEUVILLE, « Propositions doctrinales pour lutter contre l'atteinte au principe non bis in idem en matière financière », D. 2012, p. 693, n° 6 s. De nouvelles poursuites remettraient en cause, d'une part, l'autorité de la chose jugée, entraînant dès lors une insécurité juridique ; et provoqueraient, d'autre part, une violation du principe d'équité en ce qu'une personne ayant « *expié sa faute* », se verrait à nouveau condamnée pour les mêmes faits.

[57] Art. 103 (3) de la Constitution allemande (Grundgesetz) ; K. TIEDEMANN, « La constitutionnalisation de la « matière pénale » en Allemagne », RSC 1994, p. 1.

12. **Jurisprudence constitutionnelle critiquable** – Le Conseil Constitutionnel, depuis une décision du 28 juillet 1989[58], estimait qu'aucune disposition constitutionnelle ne s'opposait à ce que des mêmes faits, commis par une même personne, fassent l'objet d'une double poursuite[59] devant le juge pénal et l'autorité administrative, dès lors que ces procédures ne relevaient pas du même ordre juridictionnel[60] et que les sanctions prononcées n'excédaient pas le maximum encouru[61]. Bien entendu cette solution était critiquable à bien des égards. Si les manquements administratifs et les délits sont définis de manière similaire, c'est qu'ils ont un « *objet commun* »[62], à savoir punir les individus coupables d'abus de marché. Par ailleurs, comme il a été exposé précédemment[63], les sanctions administratives ont une coloration pénale et ne sauraient, sous prétexte d'efficacité répressive, contrevenir au principe ne bis in idem[64].

13. **Jurisprudence judiciaire** – La Cour de cassation, quant à elle, appliquait religieusement la jurisprudence du Conseil constitutionnel en refusant de considérer que le principe ne bis in idem faisait obstacle au cumul de procédures[65]. Ainsi, par cette interprétation, elle

---

[58] Cons. Const., 28 juill. 1989, n° 89-260 DC, JO 1er août 1989, p. 9676 ; RFDA 1989, p. 671, obs. B. GENEVOIS.

[59] Et a fortiori d'une double condamnation.

[60] V. cependant une décision isolée du 23 juill. 1996 qui énonçait qu'une « *sanction administrative de nature pécuniaire ne [pouvait] pas se cumuler avec une sanction pénale* » ; Cons. Const. 23 juill. 1996, n° 96-378 DC.

[61] R. SALOMON, « Le principe ne bis in idem et les infractions boursières », JCP E n° 15, avr. 2015, ét. 1182. Le Conseil constitutionnel s'appuyait ici sur le principe de proportionnalité, en effet dans sa décision du 28 juill. 1989, *préc.*, il considérait que « *si l'éventualité d'une double procédure [pouvait] ainsi conduire à un cumul de sanctions, le principe de proportionnalité [impliquait], qu'en tout état de cause, le montant global des sanctions éventuellement prononcées ne dépasse pas le montant le plus élevé de l'une des sanctions encourues* ».

[62] M. NORD-WAGNER, « La double sanction des infractions boursières à l'épreuve du principe non bis in idem », AJ pén. févr. 2011, n° 2, p. 67 ; J. LASSERRE CAPDEVILLE, « Pas de QPC pour les cumuls de sanctions », BJB sept. 2010, n° 5, p. 418, spéc. n° 13.

[63] V. *supra*, n° 6.

[64] *Ibidem.*

[65] V. par ex., Crim. 1er mars 2000, n° 99-86.299, Bull. crim. n° 98 ; Dr. pén. 2000, comm. 75, obs. J.-H. ROBERT ; RTD com. 2000, p. 1028, obs. B. BOULOC ; BJB 2000, p. 443, obs. N. RONTCHEVSKY ; D. 2000, p. 229, obs. A. LIENHARD ; RSC 2000, p. 629, obs. J. RIFFAULT ; 28 janv. 2009, n° 07-81.674 ; BJB 2009, p. 170, n. J. LASSERRE CAPDEVILLE ; RTD com. 2009, p. 409, obs.

refusait directement de mettre en œuvre son contrôle de conventionnalité[66]. Néanmoins, à supposer que les raisons invoquées par elles, pour ne pas appliquer l'article 4§1 du protocole n° 7, étaient justifiées, elle aurait pu se servir de fondements internes, relatifs à la chose jugée, afin de refuser le doublon répressif[67].

14. **Jurisprudence européenne des droits de l'homme**[68] – Par un arrêt retentissant du 4 mars 2014[69], la Cour européenne des droits de l'homme a déclaré le dispositif italien en matière d'abus de marché – similaire au dispositif français – contraire au principe ne bis in idem prévu par l'article 4 du Protocole additionnel n° 7. Elle a, en effet, jugé que la réserve faite par l'Italie était trop imprécise en ce qu'elle n'exposait pas « *[la] loi ou [les] lois prétendument incompatibles avec l'article 4 du protocole n° 7* »[70]. La réserve française[71],

---

N. RONTCHEVSKY ; *Ibidem*, p. 638, obs. B. BOULOC ; RSC 2010, p. 165, obs. F. STASIAK ; Dr. sociétés 2009, comm. 83, obs. R. SALOMON. V. égal. J. LASSERRE CAPDEVILLE, C. MASCALA et S. NEUVILLE, « Propositions doctrinales pour lutter contre l'atteinte au principe non bis in idem en matière financière », *art. préc.*, spéc. n° 10.

[66] E. PIWINICA, « Le principe non bis in idem et la Cour de cassation », JCP E n° 36, sept. 2015, ét. 1396, p. 35. La Cour de cassation se retranchait derrière la réserve faite par la France lors de la signature du protocole n° 7, dans lequel figure l'article 4§1 qui consacre le principe ne bis in idem. La réserve avait pour objet de limiter l'application de l'article 4 dudit protocole aux seules infractions au sens du droit interne. D'autres pays tels que l'Italie, l'Autriche, ou encore le Portugal, ont formulé une réserve en des termes comparables.

[67] Art. 6, 368, 692 CPP. La chose jugée devrait s'opposer à ce que de nouvelles poursuites, et a fortiori une seconde condamnation, interviennent. Le cumul n'est donc pas légal.

[68] Dans un souci de concision, la présente étude se concentrera essentiellement sur l'impact de la jurisprudence européenne des droits de l'homme, pour une étude de la question devant la CJUE v. B. AUBERT, « Le principe ne bis in idem dans la jurisprudence de la CJUE », *art. préc.* ; C. ARNAUD, « Le cumul des poursuites et des sanctions : divergence constitutionnelle et européennes », RFDA 2015, p. 1019.

[69] Cour EDH, 2e sect., 4 mars 2014, *Grande Stevens et a. c/ Italie*, n° 18640/10, n° 18647/10, n° 18663/10, n° 18668/10 et n° 18698/10, JurisData n° 2014-006876 ; BJB avr. 2014, p. 209, n. J. CHACORNAC ; RSC 2014, p. 110, obs. F. STASIAK ; *Ibidem* 2015, p. 169, obs. J.-P. MARGUÉNAUD ; Rev. sociétés 2014, p. 675, n. H. MATSOPOULOU ; D. 2015, p. 1506, obs. C. MASCALA ; RTD eur. 2015, p. 235, obs. L. D'AMBROSIO et D. VOZZA.

[70] Cour EDH, 24 mars 2014, *Grande Stevens et a. c/ Italie*, *préc.*, § 204-211, spéc. § 210.

qui s'inscrivait dans ce même champ, était par conséquent vouée à l'invalidité, et l'ombre d'une éventuelle condamnation pesait d'autant plus. C'est pour cette raison, que la Cour de cassation a estimé nécessaire de transmettre trois questions prioritaires de constitutionnalité[72] – QPC ci-après –, au regard du changement de circonstances opéré par l'arrêt Grande Stevens.

15. **Inconstitutionnalité patente du cumul de poursuites** – Par une décision du 18 mars 2015[73], le Conseil constitutionnel a déclaré le cumul en matière financière inconstitutionnel[74] en vertu du principe de nécessité des peines[75], tout en se gardant bien de donner au principe ne bis in idem force constitutionnelle. Là encore, l'interprétation est discutable car les arguments utilisés par les sages sont purement opportunistes. Le Conseil a, en effet, pris le soin de dégager quatre critères cumulatifs pour décider de l'inconstitutionnalité du cumul[76],

---

[71] Sur l'appréciation des réserves, et la critique du droit des réserves, v. A. LOUVARIS et J.-L. SAURON, « Le principe non bis in idem en droit des affaires : une crise, des solutions », JCP G, n° 36, sept. 2016, n° 7 à 10.

[72] Crim. 17 déc. 2014, n° 14-90.042, n° 14-90.043 ; D. 2015, p. 7 ; Dr. pén. 2015, comm 23, n. J.-H. ROBERT ; *Ibidem*, comm. 29, n. V. PELTIER ; 28 janv. 2015, n° 14-90.049.

[73] Cons. Const., 18 mars 2015, n° 2014-453/454 QPC, *John L. et autres*, et n° 2015-462 QPC ; D. 2015, p. 894 ; RTD com. 2015 ; *Ibidem*, p. 317, obs. N. RONTCHEVSKY ; AJ pén. 2015, p. 172, ét. C. MAURO ; *Ibidem*, p. 179, ét. J. BOSSAN ; *Ibidem*, p. 182, ét. J. LASSERRE CAPDEVILLE; Rev. sociétés 2015, p. 380, n. H. MATSOPOULOU ; D. 2015, p. 874, pt. de vue O. DÉCIMA ; *Ibidem*, p. 894, n. A.-V. LE-FUR et D. SCHMIDT ; *Ibidem*, p. 1506, obs. C. MASCALA ; *Ibidem*, p. 1738, obs. J. PRADEL ; RSC 2015, p. 374, obs. F. STASIAK ; *Ibidem*, p. 705, obs. B. DE LAMY.

[74] Art. L. 465-1 et L. 621-15 CMF qui prévoient respectivement les délit et manquement d'initié. L'inconstitutionnalité s'étend à toutes les infractions et manquements relatifs aux abus de marché, comme la fausse information ou la manipulation de cours.

[75] Art. 8 DDHC de 1789 ; J. BOSSAN, « Le cumul des poursuites appréhendé par le Conseil Constitutionnel », AJ pén. avr. 2015, p.179.

[76] *Ibidem* ; H. MATSOPOULOU, « La fin partielle du cumul des poursuites pour manquement et pour délit d'initié », Rev. sociétés 2015, p. 380 ; B. DE LAMY, « Le non-cumul des sanctions par la non constitutionnalisation du principe ne bis in idem », RSC 2015, p. 705. Le premier critère est relatif à l'identité des incriminations. En l'espèce, les article L. 465-1 et L. 621-15 CMF définissent de manière identique le manquement et le délit d'initié (considérant 24). Le deuxième a trait à la similitude des finalités répressives, en l'espèce les répressions pénales et administratives poursuivent un objectif commun, à savoir protéger le marché contre

afin de ne pas étendre le champ d'application de sa décision à tout le contentieux économique[77]. Il ne faut donc pas analyser cette décision comme un revirement[78], mais plutôt comme un compromis[79] permettant à la France d'éviter une éventuelle condamnation européenne. L'intégralité du contentieux économique ne présente, certes, pas les caractéristiques du contentieux financier[80] ; mais il est, toutefois, regrettable que le Conseil Constitutionnel ait une nouvelle fois manqué l'occasion de propulser un principe processuel fondamental dans un État de droit, au rang de principe à valeur constitutionnelle[81]. Faut-il, sans doute, rappeler la mission qui lui incombe : « *proclamer et garantir des droits fondamentaux* »[82].

Cependant, cette décision a le mérite d'avoir amorcé un changement, et forcé le législateur à amender le dispositif.

---

toute atteinte qui en affecterait sa transparence et son bon fonctionnement (considérant 25). Le troisième critère est relatif à l'identité de la nature des sanctions, en l'espèce, outre la peine d'emprisonnement qui ne peut être prononcée qu'à l'occasion de la répression pénale, les peines pécuniaires en matière pénale et administrative ont la même nature (considérant 26). Et enfin, le dernier critère est celui de l'identité de l'ordre juridictionnel, si la personne poursuivie n'est pas un professionnel régulé, elle devra exercer un recours devant les juridictions judiciaires, que sa condamnation relève d'une décision individuelle prononcée par la Commission des sanctions de l'AMF ou d'une peine prononcée par le juge pénal (considérant 27).

[77] Notamment douanier, fiscal et concurrentiel. A.-V. LE-FUR et D. SCHMIDT, « La réforme du contentieux financier imposée par le Conseil Constitutionnel », D. 2015, p. 894 ; J. LASSERRE CAPDEVILLE, « La décision du Conseil Constitutionnel du 18 mars 2015 : impacts et adaptations envisageables », AJ pén. 2015, p. 182.

[78] B. DE LAMY, « Le non-cumul des sanctions par la non constitutionnalisation du principe ne bis in idem », *art. préc.* ; C. MAURO, « Ne bis in idem : un tremblement de terre ? », AJ pén. 2015, p. 172 (« *La façade est donc intacte : en apparence, le juge constitutionnel confirme et précise sa jurisprudence antérieure.* »).

[79] J. CHACORNAC, « La répression des abus de marché à l'épreuve de la prévisibilité des peines : vers un autre Grande Stevens ? », D. 2016, p. 1264.

[80] V. *supra* n° 6. D'ailleurs, la décision du Conseil Constitutionnel vient asseoir l'originalité du contentieux financier des abus de marché.

[81] A.-V. LE-FUR et D. SCHMIDT, « La réforme du contentieux financier imposée par le Conseil constitutionnel », *art. préc.*

[82] B. DE LAMY, « Le non-cumul des sanctions par la non constitutionnalisation du principe ne bis in idem », *art. préc.*

B. UN CUMUL RÉFORMÉ

16. **Solutions envisageables** – Plusieurs solutions s'offraient au législateur pour se conformer aux récentes décisions, européennes et constitutionnelles. A d'abord émergé celle de l'unicité de répression (1), c'est-à-dire soit le tout pénal, soit le tout administratif, puis celle du maintien des deux ordres répressifs (2), où la doctrine a distingué deux hypothèses.

1. Unicité de répression

17. **Répression administrative** – Dans cette hypothèse, il s'agirait de confier l'intégralité du contentieux financier à l'AMF. Elle apparaît inopportune[83] au regard du droit de l'Union européenne qui, par le truchement de la Directive du 16 avril 2014[84], impose aux États membres de prévoir des peines privatives de liberté pour les abus les plus graves. Inutile de rappeler que l'AMF ne peut pas prononcer de telles peines, seul le juge pénal le peut au regard de l'article 66 de la Constitution.

Par ailleurs, l'intervention du juge pénal est fondamentalement symbolique[85] dans un État de droit. Dès lors, confier la répression à l'autorité financière marquerait un recul manifeste du juge pénal, et par conséquent « un recul du droit pénal au profit des sanctions administratives » [86]. L'affaiblissement de l'État de droit y serait, en outre, remarquable.

18. **Répression pénale** – Dans cette hypothèse-ci, la répression des abus de marché serait uniquement confiée au juge pénal, ce qui, de prime abord, paraît plus logique d'un point de vue institutionnel. En effet, le juge judiciaire est le seul garant des libertés individuelles ; et

---

[83] S. TORCK, « Le rôle du ministère public au regard du pouvoir de sanction des autorités indépendantes, En droit boursier, » Cah. dr. entr. n° 5, sept. 2015, doss. 41.
[84] Directive 2014/57/UE *préc.*
[85] L. DE GRAËVE, « Réflexions sur le souhait des magistrats du quai de l'horloge de remettre les pendules (de la matière répressive) à l'heure », Dr. pén. n° 4, avr. 2014, ét. 6, spéc. n° 27.
[86] T. BONNEAU, « Sanction administrative, juge pénal et droit pénal en matière financière », *art. préc.* ; v. égal. sur la crise d'autorité que subit la justice pénale, Y. MAYAUD, « La justice pénale dans le monde des affaires, Libre propos sur une crise d'autorité », *art. préc.*

par définition, la répression des abus de marché est attentatoire aux libertés individuelles. Toutefois, cette hypothèse semble également inenvisageable puisque le système atteindrait très vite ses limites. Les lenteurs procédurales[87] conjuguées au manque de moyens, seraient désastreuses en termes d'efficacité répressive, laquelle ne peut être enlevée à la répression administrative[88].

2. *Pluralisme répressif*

19. **Maintien du pluralisme répressif** – Si l'unicité procédurale ne peut satisfaire aux enjeux répressifs des abus de marchés[89], il apparaît, par conséquent, nécessaire de maintenir le pluralisme répressif, tout en l'encadrant[90]. Deux adaptations sont ici envisageables.

20. **Création d'un tribunal des marchés financiers** – Une doctrine minoritaire promeut la création d'une juridiction ad hoc échevinée[91], permettant d'unifier le contentieux financier[92]. Elle érigerait, pour ce faire, la Commission des sanctions de l'AMF en Tribunal[93], et serait composée de magistrats professionnels et de professionnels du secteur[94]. En d'autres termes, la création de cette juridiction opérerait une scission au sein de l'AMF entre son Collège, chargé de réguler, et

---

[87] V. *supra* n° 5.

[88] S. TORCK, « Le rôle du ministère public au regard du pouvoir de sanction des autorités indépendantes, En droit boursier », *art. préc.* ; M. COHEN-BRANCHE, « Le droit répressif non pénal : un droit plus adapté ?, L'exemple de l'Autorité des marchés financiers », Dr. pén. n° 9, sept. 2009, ét. 22.

[89] A. LOUVARIS et J.-L. SAURON, « Le principe non bis in idem en droit des affaires : une crise, des solutions », *art. préc.*, n° 17-18. La dualité répressive est gage d'efficience.

[90] *Ibidem.*

[91] L'échevinage est une technique qui permet de composer une juridiction de magistrats professionnels et de professionnels d'un secteur. La juridiction en question aurait, grâce à cela, une « *meilleure compréhension de la matière* », v. J. LASSERRE CAPDEVILLE, C. MASCALA et S. NEUVILLE, « Propositions doctrinales pour lutter contre l'atteinte au principe non bis in idem en matière financière », *art. préc.*

[92] J. LASSERRE CAPDEVILLE, « La décision du Conseil Constitutionnel du 18 mars 2015 : impacts et adaptations envisageables », AJ pén. 2015, p. 182.

[93] F. MARTIN LAPRADE, « Le tribunal des marchés financiers à la lumière du rapport Coulon (tentative de synthèse) », BJB mars 2015, n° 03, p. 141.

[94] A.-V. LE-FUR et D. SCHMIDT, « Il faut un tribunal des marchés financiers », *art. préc.*, n° 29.

sa Commission, chargée de sanctionner[95]. Cette nouvelle juridiction disposerait du monopole de sanction, qu'elle soit pénale, disciplinaire ou professionnelle[96]. Cette proposition, intéressante à tous les points de vue[97], fait pourtant l'objet de vives critiques[98], notamment en raison des lourdeurs procédurales au pénal, et de l'éclatement de la justice pénale[99] que cette création peut provoquer. Il est, cependant, opportun de relever que l'existence de deux ordres répressifs participe déjà à cet éclatement, et procède, de fait, à une certaine illisibilité de l'organisation juridictionnelle. Dès lors, la création d'un Tribunal des marchés financiers permettrait de remettre en ordre ce chaos juridictionnel, d'une part, et redonner à la justice pénale sa fonction principale qui est celle de punir les atteintes à l'ordre public, tout en garantissant l'application des droits fondamentaux, d'autre part.

21. **Procédure de l'aiguillage** – Une solution médiane, plébiscitée par une grande majorité de la doctrine[100], consiste à diriger le contentieux soit dans la voie pénale soit dans la voie administrative, en amont des poursuites[101]. Le législateur, à travers la loi du 21 juin 2016[102], est

---

[95] J.-J. DAIGRE, « Faut-il scinder l'AMF ? », *art. préc.*

[96] A.-V. LE-FUR, « Faut-il faire de la Commission des sanctions de l'AMF un tribunal des marchés financiers ? », Mél. AEDBF, vol. VI, RB éd., Paris, 2013, p. 335.

[97] A.-V. LE-FUR et D. SCHMIDT, « Il faut un tribunal des marchés financiers », *art. préc.*

[98] S. TORCK, « Le rôle du ministère public au regard du pouvoir de sanction des autorités indépendantes, En droit boursier », *art. préc.*

[99] *Ibidem* ; A. LOUVARIS et J.-L. SAURON, « Le principe non bis in idem en droit des affaires : une crise, des solutions », *art. préc.*, spéc. n° 19.

[100] V. not. Rapport Coulon, *La dépénalisation de la vie des affaires*, éd. La documentation française, Paris, 2008, p. 65 s. ; J. LASSERRE CAPDEVILLE, C. MASCALA et S. NEUVILLE, « Propositions doctrinales pour lutter contre l'atteinte au principe non bis in idem en matière financière », *art. préc.*, spéc. n° 26 ; M. NORD-WAGNER, « La double sanction des infractions boursières à l'épreuve du principe non bis in idem », *art. préc.* ; E. DEZEUZE, « L'aiguillage des poursuites en matière d'abus de marchés après la loi du 21 juin 2016, un mécanisme intelligent », Dr. pén. n° 9, sept. 2015, entretien 5.

[101] A.-V. LE-FUR et D. SCHMIDT, « La réforme du contentieux financier imposée par le Conseil Constitutionnel », *art. préc.* Une priorité serait donnée à la voie pénale afin de satisfaire aux exigences de la Directive du 16 avr. 2014 dite Abus de marché, *préc.* Toutefois, il est permis d'en douter, pour toutes les raisons évoquées précédemment.

[102] Loi n° 2016-819 du 21 juin 2016 réformant le système de répression des abus de marché, JORF n° 0144 du 22 juin 2016.

venu consacrer cette solution. Cette réforme[103] maintient, de fait, le pluralisme répressif, et prévoit que le déclenchement des poursuites pénales ou administratives exclut la mise en œuvre parallèle de poursuites par l'autre autorité[104]. Le principe ne bis in idem est ainsi respecté. Toutefois, il semble qu'aucune priorité n'est conférée à la voie pénale[105], et ce malgré les termes de la Directive du 16 avril 2014[106].

22. **Instauration d'un dialogue entre le Parquet national financier et l'AMF** – Le nouvel article L. 465-3-6 du Code monétaire et financier prévoit, à ce titre, l'instauration d'un dialogue entre le parquet national financier – PNF ci-après – et l'AMF sur le choix des poursuites[107]. Ce dialogue doit intervenir le plus rapidement possible, probablement dès que l'un ou l'autre a connaissance de faits pouvant caractériser un abus de marché[108]. Il est regrettable que la loi du 21 juin 2016 n'ait pas prévu de critères de choix[109], d'autant que si un conflit intervient entre les deux, la décision finale revient au Procureur général près la Cour d'appel de Paris[110]. Cette décision est insusceptible de recours[111]. C'est là conférer de larges pouvoirs au

---

[103] Nouvel article L. 465-2-6 CMF.

[104] E. DEZEUZE et N. RONTCHEVSKY, « La loi n° 2016-819 du 21 juin 2016 réformant le système de répression des abus de marché », RTDF n° 3, 2016, p. 144.

[105] *Ibidem.*

[106] Directive 2014/57/UE, *préc.*

[107] F. DRUMMOND, « La décision de la CEDH du 4 mars 2014 et la décision du Conseil Constitutionnel du 18 mars 2015 et leurs conséquences », BJB mars 2017, n° 02, p. 162.

[108] C. CHAMPRENAULT, « Une nouvelle articulation des sanctions pénales et administratives en matière boursière », BJB mars 2017, n° 02, p. 166. L'autorité informée des intentions de poursuites de l'autre autorité dispose d'un délai de 2 mois pour lui faire connaître son intention de poursuivre ou non. En cas d'absence de réponse, les poursuites pourront être engagées par l'autorité initiatrice.

[109] Sur les difficultés de déterminer des critères de choix, v. A.-V. LE-FUR et D. SCHMIDT, « Sanctions des abus de marché : « l'aiguillage », source de déraillements », D. 2015, p. 1450 ; v. égal. J. TRICOT, « La répression française des abus de marché : entre contraintes européennes et comparaisons étrangères », BJB juin 2016, n° 06, p. 282.

[110] Art. L. 465-3-6, III ter ; A. BELLEZZA, « La réforme en demi-teinte du système de répression des abus de marché », RSC 2016, p. 316.

[111] Et non motivée. V. J. CHACORNAC, « La répression des abus de marché à l'épreuve de la prévisibilité des peines : vers un autre Grande Stevens ? », D. 2016, p. 1264 ; E. DEZEUZE et N. RONTCHEVSKY, « La loi n° 2016-819 du 21 juin 2016 réformant le système de répression des abus de marché », *art. préc.*

parquet[112], sans que les personnes concernées ne puissent intervenir[113]. Il y a fort à parier que ces dispositions soulèveront un contentieux au regard des principes de sécurité juridique, de prévisibilité des peines[114] et d'égalité devant la loi[115], puisque dans un cas l'auteur risque l'emprisonnement tandis que dans l'autre, non. Le principe de prévisibilité, qui a pour corollaire le principe de sécurité juridique, impose que la loi soit suffisamment claire, précise, accessible et intelligible afin que chaque justiciable puisse raisonnablement prévoir les conséquences de ses actes[116].

23. **Partie civile négligée** – La constitution de partie civile et la citation directe sont fermées à la victime, lorsque la voie administrative a été choisie[117]. À une époque où la place de la victime dans le procès pénal interroge et guide certaines réformes[118], il semble que ce texte vienne l'amoindrir[119]. Cela dit, la voie civile lui est toujours ouverte[120], mais cela suppose une meilleure coopération des

---

[112] Tout en sachant que le parquet n'est pas une autorité judiciaire au sens de la Convention EDH, en raison de son manque d'impartialité et d'indépendance, cela pose donc un problème de légitimité.

[113] E. DEZEUZE et N. RONTCHEVSKY, « La loi n° 2016-819 du 21 juin 2016 réformant le système de répression des abus de marché », *art. préc.* En réalité, la décision du procureur général serait analysée comme une décision de « *simple administration judiciaire relevant de l'opportunité des poursuites* », ce qui semble, toutefois, douteux au regard des principes fondamentaux.

[114] J. CHACORNAC, « La répression des abus de marché à l'épreuve de la prévisibilité des peines : vers un autre Grande Stevens ? », *art. préc.*

[115] E. DEZEUZE et N. RONTCHEVSKY, « La loi n° 2016-819 du 21 juin 2016 réformant le système de répression des abus de marché », *art. préc.*

[116] Cour EDH, 26 avr. 1979, *Sunday Times c/ Royaume-Uni*, n° 6538/74, série A, n° 30.

[117] Art. L. 465-3-6, VII et VIII ; P.-H. CONAC, « La loi du 21 juin 2016 réformant le système de répression des abus de marché », BJB juill. 2016, n° 07-08, p. 323.

[118] R. CARIO, « Les droits des victimes : état des lieux », AJ pén. 2004, p. 425 ; D. LEMARCHAL, « La victime et son autre », AJ pén. 2008, p. 349 ; R. CARIO, « De la victime oubliée… à la victime sacralisée ? », AJ pén. 2009, p. 491 ; M. GIACOPELLI et J.-B. PERRIER, « L'absence de droit à un procès pénal pour la victime », Gaz. pal. oct. 2011, n° 286, p. 8 ; A. SPILLIAERT, « La place de la victime dans le procès pénal », Gaz. pal. févr. 2013, n° 36.

[119] A. BELLEZZA, « La réforme en demi-teinte du système de répression des abus de marché », *art. préc.* ; A.-V. LE-FUR et D. SCHMIDT, « Sanctions des abus de marché : « l'aiguillage », source de déraillements », *art. préc.*

[120] E. DEZEUZE et N. RONTCHEVSKY, « La loi n° 2016-819 du 21 juin 2016 réformant le système de répression des abus de marché », *art. préc.* ; S. TORCK,

services de l'AMF avec le juge civil afin d'évaluer la demande d'indemnisation[121] à hauteur du préjudice[122]. Il est, par conséquent, fâcheux qu'aucun texte n'ait prévu la communication obligatoire de ce dossier au juge civil[123].

24. **Réforme insuffisante** – Somme toute, une réforme n'est efficace que si elle est pensée dans son ensemble. Or la loi du 21 juin 2016 n'a cherché qu'à régler la question relative à l'application du principe ne bis in idem, elle est, par conséquent, insuffisante[124].

25. **Singularisme de la procédure** – En définitive, cette dualité de procédures apparaît comme une singularité, car elle présente des particularismes qui n'existent que dans le contentieux financier. La preuve en est dans la décision du Conseil constitutionnel, en date du 18 mars 2015, qui limite l'application du principe ne bis in idem au seul contentieux financier. Il est, néanmoins, regrettable que le législateur n'ait pas répondu aux attentes d'une doctrine qui, certes minoritaire, avait l'avantage de présenter une plus grande cohérence dans la répression des abus de marché[125]. Au-delà de ces aspects, d'autres aménagements procéduraux méritent d'être développés, car

---

« Le rôle du ministère public au regard du pouvoir de sanction des autorités indépendantes », *art. préc.*, *in fine*.

[121] D'autant que l'évaluation du préjudice se révèle difficile, pour aller plus loin v. D. MARTIN, « Réparation (intégrale) des préjudices boursiers : sortons du brouillard », Mél. AEDBF, vol. VI, RB éd., Paris, 2013, p. 399 ; A. PIETRANCOSTA, « Délits boursiers : la réparation du préjudice subi par l'investisseur », RTDF n°3, 2007, p. 21.

[122] A.-V. LE-FUR et D. SCHMIDT, « Pour un tribunal des marchés financiers », *art. préc.*

[123] L'article L. 621-12-1 CMF prévoit toutefois que « *L'Autorité des marchés financiers peut transmettre à la juridiction saisie d'une action en réparation d'un préjudice qui en fait la demande les procès-verbaux et les rapports d'enquête ou de contrôle qu'elle détient dont la production est utile à la solution du litige* ». Cette communication n'est donc qu'une faculté laissée à l'AMF, et non une obligation.

[124] Sur les difficultés qui peuvent apparaître en cours d'aiguillage, comme par ex. le changement de fondement à la poursuite, v. R. VABRES, « Relations entre le Parquet national et l'AMF », Dr. soc. n° 11, nov. 2016, comm. 192 ; ou en cas d'erreur d'aiguillage et sur ses conséquences, v. A.-V. LE-FUR et D. SCHMIDT, « Sanctions des abus de marché : « l'aiguillage », source de déraillements », *art. préc.*

[125] V. *supra*, n° 20.

ils confirment ce singularisme et participent également à l'originalité du contentieux.

II. UNE PROCÉDURE AUX SPÉCIFICITÉS NOTABLES

26. **Plan** – Le particularisme du contentieux financier appelle des aménagements procéduraux propres, afin de satisfaire à l'efficience répressive (A), mais qui peuvent sans conteste être améliorés (B).

A. DES AMÉNAGEMENTS PROCÉDURAUX PROPRES

27. **Aspects emblématiques** – Bien que la matière recèle des aménagements procéduraux spécifiques, il en sera traité deux principalement, car ils apparaissent emblématiques. C'est, dans un premier temps, la création d'un parquet national financier, seul compétent pour poursuivre les délits boursiers, qui retiendra l'attention (1). Puis, c'est la procédure de recours qui intéressera cette étude, car celle-ci a le particularisme de pouvoir relever des deux ordres juridiques (2).

1. La création d'un parquet national financier

28. **Création et enjeux** – C'est la loi du 6 décembre 2013[126] qui est venue créer le PNF[127]. Les divers scandales financiers de ces dernières années ont inspiré cette création[128]. La lutte contre la délinquance économique et financière apparaît de plus en plus nécessaire, que ce soit en droit interne, ou en droit externe[129]. Par conséquent, il est indispensable de spécialiser la justice[130], à mesure que la criminalité se développe et se perfectionne, via de nouvelles techniques toujours

---

[126] Loi organique n° 2013-1115 du 6 déc. 2013 relative au procureur de la République financier, JORF n° 284 du 7 déc. 2013, p. 19939 ; Y. AGUILA et E. DEZEUZE, « Le Conseil Constitutionnel valide la création du procureur de la République financier », Gaz. pal. déc. 2013, n° 348.

[127] N. RONTCHEVSKY, « Création du procureur de la République financier », RTD com. 2014, p. 151.

[128] E. VERGÈS, « Le procureur de la République financier : entre projet politique et recherche de l'efficacité », RSC 2014, p. 143. C'est plus précisément l'affaire Cahuzac qui a donné à ce procureur spécialisé sa raison d'être.

[129] C. CUTAJAR, « Le futur parquet financier : quels enjeux ? », D. 2013, p. 1400.

[130] M. QUÉMÉNER, « Vers une refonte globale de la justice économique et financière », AJ pén. 2013, p. 244.

plus complexes et difficilement décelables, nécessitant sans conteste des « *investigations hautement techniques* »[131]. C'est ainsi que l'objectif d'efficacité est aux premières loges de cette création[132]. Le PNF apparaît donc comme un magistrat spécialisé[133], avec une compétence bien définie.

29. **Compétence exclusive en matière boursière** – La loi du 1er août 2003[134] avait déjà donné compétence exclusive au parquet de Paris pour poursuivre les faits caractérisant un abus de marché, prévus par l'ancien article L. 465-1 du Code monétaire financier. La loi du 6 décembre 2013 s'inscrit dans cette logique[135]. L'article 705-1 du Code de procédure pénale dispose que le PNF et les juridictions d'instruction et de jugement ont seuls compétence pour la poursuite, l'instruction et le jugement des délits boursiers[136]. Le PNF dispose, en conséquence, de compétences *ratione loci* et *ratione materiae*[137].

30. **Indépendance discutable du PNF** – La problématique de l'absence d'indépendance du procureur français est bien connue depuis deux célèbres arrêts rendus par la Cour européenne des droits de l'homme[138], mais celle du PNF se pose avec d'autant plus

---

131 *Ibidem*.

132 E. VERGÈS, « Le procureur de la République financier : entre projet politique et recherche de l'efficacité », *art. préc.*

133 E. HOULETTE, « Le parquet national financier », Dr. fiscal n° 38, sept. 2016, p. 494.

134 Loi n° 2003-706 du 1er août 2003 dite de sécurité financière, JORF n° 177 du 2 août 2003, p. 13220.

135 J.-C. MARIN, « Nouvelle architecture institutionnelle en matière économique et financière », Rev. fisc. patr. n° 10, oct. 2014, doss. 2. A côté du procureur de la République de Paris, se trouve un nouveau procureur en chef, le procureur financier, créant alors une « *sorte de bigamie judiciaire* ».

136 Art. L. 465-1 s. CMF.

137 C. CUTAJAR, « Vers une plus grande efficacité de la justice financière ? », BJB janv. 2014, n° 01, p. 8 ; E. VERGÈS, « Le procureur de la République financier : entre projet politique et recherche de l'efficacité », *art. préc.* Comme le souligne l'auteur, l'originalité tient d'autant plus que le PNF exerce ici une compétence nationale. Certes, cette compétence nationale est également exercée par le parquet de Paris en matière de terrorisme, comme le prévoit l'article 706-17 CPP, mais elle n'est pas directement exercée par un procureur spécialisé.

138 Cour EDH, grde. ch., 29 mars 2010, *Medvedyev c/ France*, n° 3394/03 ; RSC 2010, p. 685, obs. J.-P. MARGUÉNAUD ; D. 2010, p. 1386, obs. S. LAVRIC, n. J.-F. RENUCCI ; *Ibidem*, p. 970, pt. de vue D. REBUT ; *Ibidem*, p. 1390,

d'acuité[139]. Il est, en effet, nommé sur proposition du garde des Sceaux, auquel il doit rendre compte sur les affaires les plus significatives[140]. Par définition, les affaires dont le PNF a à connaître sont nécessairement significatives. Ce dernier entretient donc des relations étroites avec le pouvoir exécutif, et sa création a, en réalité, précarisé la situation du parquet, renforçant par la même occasion les critiques relatives à son manque d'indépendance[141].

31. **Coopération entre PNF et AMF** – Il est à déplorer que la loi du 21 juin 2016 n'ait pas rendu la coopération, entre le PNF et les services d'enquête de l'AMF, obligatoire. Certes, cet échange d'informations est déjà prévu par la loi[142]. Elle est obligatoire de l'AMF vers le procureur[143], mais pas du PNF vers l'AMF[144]. Un amendement dans le projet de la loi du 21 juin 2016 visait

n. P. HENNION-JACQUET ; RFDA 2011, p. 987, chron. H. LABAYLE et F. SUDRE ; Cour EDH, 23 nov. 2010, *Moulin c/ France*, n° 37104/06, AJDA 2011, p. 889, chron. L. BURGORGUE-LARSEN ; D. 2011, p. 338, obs. S. LAVRIC, n. J. PRADEL ; *Ibidem* 2010, p. 2761, édit. F. ROME ; *Ibidem*, p. 277, n. J.-F. RENUCCI ; *Ibidem* 2011, p. 26, pt. de vue F. FOURMENT ; RFDA 2011, p. 987, chron. H. LABAYLE et F. SUDRE ; RSC 2011, p. 208, obs. D. ROETS.

[139] C. CUTAJAR, « Le futur parquet financier : quels enjeux ? », *art. préc.*, *in fine*.

[140] Circulaire du 31 janv. 2014 de présentation et d'application de la loi n° 2013-669 du 25 juill. 2013 relative aux attributions du garde des sceaux et des magistrats du ministère public en matière de politique pénale et de mise en œuvre de l'action publique : « *Les parquets généraux doivent informer la Chancellerie régulièrement, de manière complète et en temps utile, des procédures les plus significatives (...)* ».

[141] E. VERGÈS, « Le procureur de la République financier : entre projet politique et recherche de l'efficacité », *art. préc.* ; P. AVRIL, « Réflexions sur l'indépendance du parquet », LPA févr. 2017, n° 39, p. 4.

[142] Art. L. 621-20-1 CMF : « *Si, dans le cadre de ses attributions, l'Autorité des marchés financiers acquiert la connaissance d'un crime ou d'un délit, elle est tenue d'en donner avis sans délai au procureur de la République et de transmettre à ce magistrat tous les renseignements, procès-verbaux et actes qui y sont relatifs* ».

Art. L. 621-20-4 : « *Les procès-verbaux ou rapports d'enquête ou toute autre pièce de la procédure pénale ayant un lien direct avec des faits susceptibles d'être soumis à l'appréciation de la commission des sanctions de l'Autorité des marchés financiers peuvent être communiqués par le procureur de la République financier, le cas échéant après avis du juge d'instruction, d'office ou à leur demande : 1° Au secrétaire général de l'Autorité des marchés financiers, avant l'ouverture d'une procédure de sanction ; 2° Ou au rapporteur de la commission des sanctions, après ouverture d'une procédure de sanction* ».

[143] L'art. L. 621-20-1 ne précise pas qu'il s'agit du procureur financier.

[144] C. CHAMPRENAULT, « Une nouvelle articulation des sanctions pénales et administratives en matière boursière », *art. préc.*

d'ailleurs à rendre la coopération entre les deux entités réciproque[145]. Mais cette disposition n'a pas été adoptée car une coopération informelle existerait déjà entre PNF et AMF[146].

2. *La procédure de recours*

32. **Recours alternatif** – L'article L. 621-30 du Code monétaire et financier prévoit que le recours contre les décisions individuelles de l'AMF relève par principe du juge judiciaire, sauf pour les personnes mentionnées à l'article L. 621-9 II[147]. En d'autres termes, une même décision peut faire l'objet d'un recours alternatif : soit devant le juge judiciaire, soit devant le juge administratif[148]. Cet éparpillement semble incohérent et participe, de fait, à une certaine illisibilité de la justice. Il faut imaginer le cas où deux personnes font l'objet d'une procédure de sanction devant la Commission, l'une est auteur, et l'autre est complice. L'auteur est un professionnel de l'intermédiation financière, et le complice est une personne physique. Ainsi, le premier devra exercer son recours devant le Conseil d'État, tandis que le second devra saisir la Cour d'appel de Paris[149]. Quelle justification y a-t-il à opérer une telle distinction ? Cette solution, pour le moins aberrante, met à mal le principe d'égalité des citoyens devant la justice, notamment à l'égard des degrés de juridiction[150].

33. **Divergences jurisprudentielles** – Cette dispersion du contentieux peut conduire à des divergences jurisprudentielles, qui seraient préjudiciables à la cohérence du système répressif, mais surtout aux

---

[145] P.-H. CONAC, « Loi n° 2016-819 du 21 juin 2016 réformant le système de répression des abus de marché », Rev. sociétés, 2016, p. 469.

[146] *Ibidem* ; E. HOULETTE, « L'action du parquet national financier », BJB mars 2017, p. 154 ; S. BARANGER, « Une nouvelle enquête sur les délits et les manquements boursiers », BJB mars 2017, n° 02, p. 175.

[147] Personnes qui sont essentiellement des professionnels de l'intermédiation financière, tels que les entreprises de marché ou encore les prestataires d'investissement.

[148] E. DEZEUZE, « Une compétence concurrente du juge judiciaire et du juge administratif en matière de manquements boursiers », BJB mars 2017, n° 2, p. 142.

[149] A.-V. LE-FUR et D. SCHMIDT, « Sanctions des abus de marché : « l'aiguillage », source de déraillements », *art. préc.*

[150] E. DEZEUZE, « Une compétence concurrente du juge judiciaire et du juge administratif en matière de manquements boursiers », *art. préc.*

justiciables[151]. Outre la déstabilisation du principe d'égalité des justiciables devant la loi, de telles divergences remettraient en cause le principe de prévisibilité des peines. À titre d'exemple, l'on sait que les jurisprudences administrative et judiciaire n'adoptent pas les mêmes solutions au sujet de la responsabilité des personnes morales en cas de fusion-absorption[152]. La Cour de cassation applique strictement le principe de personnalité de la responsabilité pénale, et déclare, en ce sens, que la personne morale qui a absorbé la société auteure ne peut pas être tenue responsable pénalement des faits commis par elle. A contrario, le Conseil d'État considère que les sanctions de nature pécuniaires peuvent se transmettre à la personne morale absorbante[153], tandis que les sanctions disciplinaires – comme un blâme –, ne le peuvent pas[154].

34. **Améliorations souhaitables** – Ces divers aménagements procéduraux propres à la matière apparaissent perfectibles, et il est souhaitable de les voir évoluer, afin de donner une meilleure cohérence à cet ensemble répressif.

B. APPROCHE PROSPECTIVE

35. **Meilleure coopération entre les services d'enquête de l'AMF et le PNF, vers une refonte de l'enquête boursière ?** – Les enquêtes de l'AMF démontrent une efficacité certaine, d'une part, parce que ses agents sont spécialisés en la matière[155], et d'autre part, parce que

---

[151] *Ibidem.*

[152] I. URBAIN-PARLEANI, « La responsabilité des personnes morales à l'épreuve des fusions », Rev. sociétés 2001, p. 851 ; D. BOCCON-GIBOD, « Sur la responsabilité pénale des personnes morales », Dr. social 2014, p. 923.

[153] CE, 30 mai 2007, n° 207697, *Société Crédit agricole Indosuez Chevreux* ; D. 2001, p. 237, obs. M. BOIZARD ; *Ibidem*, p. 1609, obs. A. REYGROBELLET ; RSC 2001, p. 598, obs. J. RIFFAULT ; JCP 2001.II, n° 10531, n. R. SALOMON. Le CE a déclaré que « *le principe de personnalité des peines ne [fait] pas obstacle à ce que la commission des sanctions [prononce] une sanction pécuniaire à l'égard de la société absorbante* ».

[154] H. MATSOPOULOU, « La non-transmission de la responsabilité pénale à la société absorbante pour des faits commis par la société absorbée », Rev. sociétés 2017, p. 234.

[155] J. LASSERRE CAPDEVILLE, C. MASCALA et S. NEUVILLE, « Propositions doctrinales pour lutte contre l'atteinte au principe ne bis in idem en matière financière », *art. préc.*, spéc. n° 32. L'AMF dispose de moyens efficaces et

l'enquête est célère[156]. À l'évidence, cette rapidité ne peut être attribuée aux enquêtes pénales, non seulement en raison du respect plus rigoureux des droits fondamentaux, mais également en raison du manque de moyens humains[157] et techniques. Peut-être faudrait-il se pencher sur l'éventuelle opportunité de créer un corps d'officiers de police judiciaire spécialisé en matière boursière, et uniquement dans cette matière[158]. En réalité, l'idée de la création d'une entité commune entre les services d'enquêtes de l'AMF et du PNF apparaît séduisante, car cela favoriserait, dans un premier temps, le dialogue instauré par la loi du 21 juin 2016[159], et cela permettrait, dans un second temps, à chaque entité de profiter des attributs respectifs de l'autre, soit des moyens d'investigations efficaces pour l'AMF, et des moyens d'enquête plus intrusifs pour le PNF[160].

Par ailleurs, l'enquête administrative doit nécessairement évoluer, tant les enjeux en termes de droits fondamentaux sont primordiaux en la matière. Aussi, une réforme de la procédure administrative répressive serait indiquée, afin de garantir à ce stade, le respect des droits fondamentaux[161]. C'est pour cette raison que la fusion des enquêtes entre AMF et PNF apparaît pertinente[162].

---

importants pour détecter les infractions boursières, mais également d'un pouvoir de contrôle sur certains prestataires, qui lui permet d'avoir une meilleure information financière.

156 V. *supra*, n° 18.

157 A. PANDO, « Focus sur le parquet national financier », LPA juill. 2016, n° 136, p. 4.

158 R. SALOMON, « Le principe ne bis in idem et les infractions boursières », *art. préc.*, spéc. n° 56.

159 V. *supra*, n° 22.

160 P.-H. CONAC, « La loi du 21 juin 2016 réformant le système de répression des abus de marché », *art. préc.* ; Y. DOUBLET, « L'action de la police judiciaire », BJB mars 2017, n° 2, p. 157. Au titre des moyens d'investigations plus intrusifs, l'on peut citer les écoutes téléphoniques, ou encore les saisies patrimoniales. Depuis la loi du 21 juin 2016, *préc.*, qui inscrit les abus de marché dans le champ de la criminalité organisée de l'art. 706-1-1 CPP, peuvent être réalisées des infiltrations, sonorisations, écoutes téléphoniques en enquête préliminaire, ainsi que captations d'images.

161 A.-V. LE-FUR et D. SCHMIDT, « Sanctions des abus de marché : « l'aiguillage », source de déraillements », *art. préc.*

162 Toutefois, le refus d'une telle fusion semble lié à des raisons d'ordres politiques, plutôt que juridiques, car le législateur souhaite maintenir durablement la procédure administrative.

36. **Réforme nécessaire du statut du parquet** – Il conviendrait ici de réfléchir à une réforme structurelle, permettant de rompre le lien très fort existant entre le parquet et le politique[163]. Le placer sous l'autorité du Conseil national de la magistrature plutôt que sous celle du garde des Sceaux peut être une alternative intéressante[164]. La réforme devient pressante afin de satisfaire à la jurisprudence de la Cour européenne des droits de l'homme[165], mais aussi de rendre l'action du parquet plus efficace[166].

37. **Unification impérative du contentieux** – Le partage du contentieux entre les deux ordres juridiques paraît irrationnel voire absurde. Un amendement dans le projet de la loi du 21 juin 2016 proposait d'unifier le contentieux devant le juge judiciaire. Le Sénat avait adopté cet amendement, qui découle du bon sens au vu de la gravité des sanctions prononcées par l'AMF[167], mais la Commission mixte paritaire s'y était opposée, estimant que l'unification devait se réaliser devant le Conseil d'État[168]. Faute de consensus, le dispositif a été laissé en l'état. Cette division qui ne semble s'appuyer sur aucun fondement juridique viable, ne vient que troubler le fonctionnement de la justice. L'unification doit naturellement se faire devant le juge pénal qui est plus à même de mesurer les enjeux de la matière pénale et surtout y répondre. Cette analyse repose directement sur un fondement constitutionnel, à savoir l'article 66 de la Constitution.

38. **Conclusion** – En définitive, il est évident que la procédure en matière de délits boursiers est bel et bien singulière et originale parce qu'unique et complexe. Elle tend vers une évolution certaine mais qui reste encore pusillanime. Il est, par conséquent, nécessaire d'aller plus loin afin de résoudre toutes les problématiques existantes en la matière

---

[163] D. BOCCON-GIBOD, « Pour une vraie réforme statutaire du parquet », AJ pén. 2017, p. 381.
[164] Un tel sujet mériterait une étude à part entière, or tel n'est pas l'objet dans le présent article.
[165] V. *supra*, n°30.
[166] O. DUFOUR, « Pour le parquet français, « noir c'est noir »… », Gaz. pal., juill. 2017, n° 26.
[167] Contra v. J. LASSERRE CAPDEVILLE, « La décision du Conseil Constitutionnel du 18 mars 2015 : impacts et adaptations », *art. préc.* L'auteur préconise d'unifier le contentieux devant le CE.
[168] P.-H. CONAC, « Loi n° 2016-819 du 21 juin 2016 réformant le système de répression des abus de marché », *art. préc.*, *in fine*.

mais surtout gagner en cohérence. L'idée de la création d'une juridiction d'exception apparaît, à ce titre, de plus en plus attrayante. Elle permettrait de concilier au mieux la sauvegarde de l'ordre public économique, la bonne administration de la justice ainsi que le respect des droits fondamentaux. Affaire à suivre …

DEUXIÈME PARTIE

UNE MÉTAMORPHOSE DE LA PROCÉDURE

La Procédure à l'épreuve de la dématérialisation

Giovanna DEBERNARDI

La dématérialisation de la procédure est une métamorphose majeure de notre droit. Cette évolution considérable engendre des aspects tantôt positifs tantôt négatifs. De plus, la dématérialisation n'est que la phase finale d'un long processus qui a commencé avec la communication sécurisée via des réseaux particuliers. Cette dématérialisation et toutes les contraintes imposées tant aux professionnels qu'aux justiciables ne doit pas faire oublier l'enjeu premier : l'application du droit.

1. Un constat s'impose : le virtuel est de plus en plus présent dans nos vies et prend une place de plus en plus importante. Nous pouvons le voir avec toutes les possibilités actuelles qu'offre Internet. Ainsi, l'on peut remplir sa déclaration de revenus en ligne[1], enregistrer les statuts d'une association de la même manière[2], ou encore voter de manière électronique. Le virtuel tend ainsi à remplacer le format papier. Dans un tel contexte le droit a dû prendre en compte cette modification considérable de nos habitudes de vie et la procédure n'a pu échapper à cette évolution[3]. C'est ainsi que, progressivement, les différentes procédures sont passées à l'ère informatique. Cette évolution n'est d'ailleurs pas s'en rappeler la lettre même de ce mot. En effet, *procedere* en latin signifie aller de l'avant[4], ce qui implique que la procédure évolue pour s'adapter aux besoins actuels et permettre ainsi une plus grande clarté tant pour les professionnels du droit que pour le justiciable. Cependant une question se pose : la dématérialisation assure-t-elle, réellement, une efficacité parfaite de la procédure ?

---

[1] https://www.impots.gouv.fr/portail/www2/minisite/declaration/je-declare-mes-revenus-en-ligne.html.

[2] https://www.service-public.fr/associations/vosdroits/R2631.

[3] S. SONTAG KOENING, « La dématérialisation des procédures », AJ Pénal, 2014, p. 154.

[4] « *Dérivé de procéder, lat. juridique procedere : s'avancer, procéder à une action judiciaire. Branche de la science du droit ayant pour objet de déterminer les règles d'organisation judiciaire, de compétence, d'instruction des procès et d'exécution des décisions de justice et englobant la procédure administrative, civile et pénale* », G. CORNU, *Vocabulaire juridique*, 10e éd., PUF, 2014, p. 809.

Cela semble s'en rapprocher, mais en même temps il paraît très difficile de modifier rapidement des centaines d'années de procédure papier. Si l'on peut donc constater des avancées majeures de dématérialisation (**I**), quelques nuances peuvent néanmoins être apportées (**II**).

I. Des avancées majeures de la dématérialisation

2. Alors qu'actuellement nous parlons d'haut débit, de 4G, la justice se transforme progressivement et passe à l'ère numérique. Son objectif final vise donc à une dématérialisation totale des procédures dans toutes les branches du droit. On va voir tout d'abord que ce processus est le fruit d'une apparition progressive dans tous les domaines juridiques, pour voir ensuite comment la dématérialisation a permis d'optimiser l'ensemble des procédures.

A. UNE APPARITION PROGRESSIVE DE LA DÉMATÉRIALISATION

3. Rome ne s'est pas faite en un jour… et la dématérialisation des procédures non plus ! En effet, le processus de dématérialisation est apparu progressivement.

4. Ainsi, différents réseaux sécurisés et virtuels ont vu le jour dans les diverses professions juridiques, tel est le cas de *e-barreau* dont la création remonte à 2004 avec l'adoption globale du RPVA[5] (réseau privé virtuel avocat). Similairement, en 2005, un décret a prévu l'installation de la communication électronique[6] entre les barreaux et les juridictions grâce au RPVJ (réseau privé virtuel de la Justice) et en 2009 un autre décret a prévu, en matière civile, la dématérialisation des procédures en appel lorsque la représentation est obligatoire[7]. Globalement, si en 2010 presque 8000 avocats étaient connectés à ces

---

[5] Réseau privé virtuel avocat.

[6] Une convention a été signée le 28 septembre 2007 par le Ministère de la Justice et le président du Conseil National des Barreaux sur la communication électronique entre les TGI et les avocats qui définit une connexion unique du réseau avocat au réseau justice.

[7] D. n° 2009-1524 du 9 déc.2009 relatif à la procédure d'appel avec représentation obligatoire en matière civile, JORF n° 0287, 11 déc. 2009 p. 21386, texte n° 8.

nouveaux réseaux, en 2012 ils étaient en 29 000, ce qui signifie qu'en seuls deux ans ce chiffre a plus que triplé[8].
Ces différentes interfaces informatisées montrent donc la volonté croissante tant du législateur que des professionnels du droit de moderniser les procédures, dans le but ultime de parvenir à leur dématérialisation complète.

5. D'autres avancées doivent également être soulignées, notamment sur le portail du Conseil national des administrateurs judiciaires et des mandataires judiciaires. En effet, ce portail informatique ne permet pas seulement d'avoir accès à un service sécurisé, mais aussi aux créanciers de déclarer leurs créances ou encore de formaliser leur demande de revendication ou de restitution de biens par exemple[9].

6. Cependant il existe aussi des procédures qui sont désormais complètement dématérialisées, telles que la procédure devant la Cour d'appel avec représentation obligatoire. Il en est de même pour la procédure devant la Cour de cassation, devenue la première juridiction en Europe à fonctionner de manière totalement électronique. Ainsi, ce processus s'est d'abord développé par la création d'un bureau virtuel, suivi ensuite par la dématérialisation progressive de l'ensemble des documents[10], pour arriver enfin, en 2013, à la mise en place de la signature électronique permettant aux magistrats de signer électroniquement leurs arrêts[11]. Cette tendance se retrouve d'ailleurs également en droit public où, depuis le 1er janvier 2017, l'usage des

---

[8] Il faut savoir qu'en 2015, il y avait 62073 avocats ce qui montre qu'il y a encore de nombreux avocats qui ne sont pas encore connectés : http://cnb.avocat.fr/Les-Chiffres-cles-de-la-profession-actualises-pour-l-annee-2016--Observatoire-du-Conseil-national-des-barreaux-_a2222.html.
[9] https://creditors-services.cnajmj.fr/.
[10] Intervention de M. Jean-François WEBER, président de chambre, conférence de presse, 11 décembre 2009 : https://www.courdecassation.fr/cour_cassation_1/revolution_numerique_7985/dematerialisation_procedures_3368/11_decembre_3369/jean_fran_14908.html.
[11] https://www.courdecassation.fr/cour_cassation_1/revolution_numerique_7985/dematerialisation_procedures_3368/signature_electronique_27989.html.

téléprocédures[12] devant les juridictions administratives est obligatoire[13].

7. Dès lors, ces exemples démontrent que même si la dématérialisation s'est développée de manière différente entre les procédures, il existe aujourd'hui une réelle volonté d'informatiser et de dématérialiser la procédure dans son ensemble, en vue d'en favoriser ainsi son optimisation. Voyons donc à présent comment ce processus de dématérialisation permet d'optimiser les procédures.

B. UNE OPTIMISATION DES PROCÉDURES

8. Tout d'abord, il y a la sécurisation des procédures. En effet, la dématérialisation a pour avantage de renforcer les droits des individus, en permettant à l'ensemble des justiciables de connaître plus rapidement où en est son affaire, notamment lors d'une procédure devant la Cour de cassation. Dès lors, la dématérialisation permet non seulement de renforcer les droits de la défense mais aussi, par cette voie, la qualité des décisions[14].

9. Un autre avantage de la dématérialisation est aussi le facteur temporel. En effet, ces nouvelles formes de procédure permettent aux professionnels du droit un gain de temps considérable, ces derniers n'ayant plus besoin de se déplacer constamment. De plus, cela permet également au justiciable d'économiser de l'argent, l'avocat n'ayant pas à augmenter ses honoraires du fait de ses déplacements. Enfin, le gain de temps obtenu grâce à la dématérialisation permet de respecter encore davantage la notion de délai raisonnable prévue à l'article 6 de la CEDH et rappelée, à plusieurs reprises, par la Cour de Strasbourg[15].

---

[12] M. NOEL et S. ABBOUB, « Les "nouvelles" obligations de dématérialisation de l'administration-panorama 2015-2016 », AJ Collectivités territoriales, 2017, p. 192.

[13] D. n° 2006-1481 du 2 novembre 2016 relatif à l'utilisation des téléprocédures devant le Conseil d'État, les cours administratives d'appel et les tribunaux administratifs, JORF n° 0257 du 4 novembre 2016, texte n° 17.

[14] Dans un communiqué de presse du 11 décembre 2009, Vincent LAMANDA, à l'époque Premier président de la Cour de cassation, annonçait que la dématérialisation de la procédure « *permet de conjuguer qualité et célérité de la justice en donnant à chacun des acteurs du processus judiciaire les moyens de se consacrée pleinement à leur taches* ».

[15] Art. 6, par. 1er, CEDH. : « *Toute personne a droit à ce que sa cause soit entendue équitablement, publiquement et dans un délai raisonnable [...]* ».

10. La dimension financière est également considérable. Ainsi, la dématérialisation permet d'une part aux professionnels du droit d'économiser notamment sur les frais postaux et, d'autre part, elle permet aussi aux justiciables de ne pas être facturés sur le temps passé au palais puisque l'avocat y est moins présent pour des actes plus anodins.

11. *In fine*, la dématérialisation permet également une économie de papier, ce qui a des avantages considérables pour le respect et la sauvegarde de notre environnement.

12. Ces arguments nous montrent donc que de nombreux avantages découlent de la dématérialisation, afin de garantir une modernisation de la justice, des procédures et, plus en général, de l'image du droit. Cependant, comme dans toutes les nouveautés, certains points plus négatifs doivent également être relevés. Si donc jusqu'à présent on a vu les avantages de la dématérialisation, on va en examiner maintenant ses aspects critiques.

II. Les points contrastés de la dématérialisation

13. Si de nos jours la dématérialisation est présente dans les différentes procédures, des aspects négatifs existent et les justiciables et les professionnels du droit sont soumis à des contraintes supplémentaires pouvant freiner le bon déroulement de la justice (A). Ces difficultés nous conduisent alors à nous interroger sur les risques d'un éventuel « excès » dans le processus de dématérialisation du droit (B).

A. LES INCONVÉNIENTS DE LA DÉMATÉRIALISATION

14. La dématérialisation des procédures a suscité des bouleversements majeurs dans la pratique du droit, ce qui a fait considérablement vaciller le système actuel. Ainsi, la mise en place de ce système a d'abord provoqué une rupture d'égalité entre les justiciables et les professionnels du droit, la dématérialisation s'étant développée de manière différente au niveau territorial. De plus, que dire également des avocats ou des professionnels judiciaires qui ont dû se familiariser avec l'informatique ? Il est évident que certains y soient arrivés mieux que d'autres.

15. En outre, même si certains avantages économiques ont pu précédemment être évoqués[16], il y a aussi des inconvénients financiers. En effet, pour que les avocats puissent communiquer de façon sécurisée sur le RPVA, encore faut-il qu'ils y aient accès. Pour cela, ils doivent alors s'abonner et payer en une seule fois la somme de 135 €, somme qui est certes moins chère que le prix initial de 252 € HT[17], mais qui représente néanmoins une ultérieure dépense pour les professionnels du droit.

16. Certains problèmes informatiques ont également été répertoriés. Ainsi, l'on a notamment constaté des bugs et des virus[18], et les exemples sont nombreux notamment en procédure pénale où le programme Cassiopée[19] a été source de multiples difficultés[20].

17. Une autre question s'est enfin posée du point de vue des justiciables. En effet, encore aujourd'hui certaines personnes n'ont pas accès à Internet ou n'en maîtrisent pas ses usages de base, indispensables pour son utilisation administrative. Cela peut ainsi contribuer à faire croître les inégalités, malheureusement déjà présentes, dans la mise en place uniforme de la procédure informatisée.

18. Dès lors, force est de constater qu'en dépit de progrès considérables, il y a encore de nombreux problèmes à résoudre avant de parvenir à une réelle et effective dématérialisation de la procédure. Néanmoins ces difficultés nous invitent à une réflexion ultérieure, celle de la portée de la dématérialisation vis-à-vis de la fonction du Droit.

---

[16] *supra,* n° 11.

[17] http://www.ebarreau.fr/PDF/procedure_cle_rgs.pdf.

[18] D. CHAUCHIS, « La dématérialisation des procédures civiles devant la Cour de cassation », Revue des Juristes de Sciences Po, n° 3, Fév. 2011, n° 32.

[19] Chaine applicative supportant le système d'information opérationnel pour le pénal et les enfants

[20] http://www.lefigaro.fr/actualite-france/2011/02/28/01016-20110228ARTFIG00708-le-grand-bug-informatique-de-cassiopee-freine-la-justice.php.

B. LA NÉCESSAIRE PRIMAUTÉ DU DROIT DANS L'ÈRE NUMÉRIQUE

19. S'il est vrai que les nouvelles technologies ont été développées dans le but d'assurer une meilleure qualité de la justice, encore faut-il que le progrès technique avance dans l'intérêt tant des professionnels du droit que des justiciables[21]. Les arguments présentés dans notre première partie du travail démontrent en effet que la dématérialisation peut être avantageuse pour le développement d'une procédure plus rapide, plus efficace et, par cette voie, plus juste. Toutefois elle peut également s'avérer néfaste si appliquée sans contrôle et sans le nécessaire respect des règles de base posées par le Droit.

20. Cela nous conduit ainsi à la conclusion suivante. Si la dématérialisation est et reste certes inévitable, celle-ci ne doit cependant pas conduire à transformer la procédure et, plus en général le Droit, en des contraintes purement et simplement informatiques. Le monde juridique doit dès lors certainement évoluer dans la direction imposée par les nouvelles technologies, mais en aucun cas les modifications introduites par cette évolution ne pourront ignorer les principes, les règles et les directives posées par le droit écrit. Le protocole informatique ne peut donc pas, ni même doit pouvoir, remplacer le protocole juridique[22] qui demeure et doit demeurer le cœur de toute démocratie.

21. Interrogé sur l'impact de la mondialisation sur notre société, l'ex président américain Jimmy Carter disait que nous devons accepter le changement mais conserver nos principes. Il nous semble qu'un tel enseignement puisse pleinement s'appliquer à l'avenir de la dématérialisation dans notre procédure juridique. Laissons donc la place au nouveau monde juridique informatisé, mais garantissons que le Droit reste au cœur de nos institutions.

---

[21] H. CROZE, « Le progrès technique de la procédure civile », JCP G, n° 5, 28 janv. 2009, doct. 108.
[22] H. CROZE, *préc.*

Les apports de la loi du 18 novembre 2016 en matière de surendettement des particuliers

Caitline KAIGL

Le 18 novembre 2016 a été promulguée la loi n° 2016-1547 de modernisation de la justice du XXIe siècle. Parmi les nombreuses mesures prévues par cette réforme, plusieurs sont relatives à la procédure de surendettement des particuliers et de rétablissement personnel. Et si cette loi a peu modifié les règles substantielles du droit du surendettement, elle marque cependant une nouvelle orientation de cette matière.

1. Le surendettement est la situation caractérisée dans laquelle se trouve une personne physique ayant l'impossibilité manifeste pour le débiteur de bonne foi de faire face à l'ensemble de ses dettes non professionnelles exigibles et à échoir, ainsi qu'à l'engagement qu'il a donné de cautionner ou d'acquitter solidairement la dette d'un entrepreneur individuel ou d'une société dès lors qu'il n'a pas été, en droit ou en fait, le dirigeant de celle-ci.
La première loi « *relative à la prévention et au règlement des difficultés liées au surendettement des particuliers et des familles* », dite loi Neiertz, en date du 31 décembre 1989[1] avait été adoptée dans un contexte de fort accroissement de l'endettement des ménages. Ce texte visait surtout à encourager et encadrer les négociations entre les débiteurs et leurs créanciers, sous l'égide de « commissions de surendettement ».

2. Avant l'application de cette loi, il n'existait aucun régime de traitement collectif des difficultés financières des particuliers puisque les « procédures collectives » étaient réservées aux entreprises. Il appartenait donc aux particuliers de négocier personnellement et

[1] Loi n° 89-1009 du 31 décembre 1989 renforçant les garanties offertes aux personnes assurées contre certains risques, JORF n°1, 2 janv. 1990, p. 13.

directement avec leurs créanciers pour tenter d'obtenir des délais, des facilités et des remises de dette. En cas d'échec, les particuliers n'avaient pas d'autre alternative que de saisir le juge sur le fondement de l'article 1244-1 du Code civil[2]. La loi Neiertz a donc constitué un progrès en facilitant l'examen des créances pesant sur chaque particulier. L'objectif était également de restaurer une certaine égalité dans les rapports entre créanciers et débiteurs, ces derniers n'étant plus totalement dépendants du bon vouloir de leurs créanciers en leur imposant une forme de « discipline » inspirée du droit des procédures collectives sans pour autant remettre en cause le droit de tout créancier à mettre en œuvre les mesures d'exécution prévues par la loi.

3. Le 18 novembre 2016, la loi de modernisation de la justice du XXIe siècle[3] a été promulguée et parmi les nombreuses mesures prévues par cette réforme, plusieurs sont relatives à la procédure de surendettement des particuliers et de rétablissement personnel. Ces mesures entreront ainsi en vigueur le 1er janvier 2018 et s'appliqueront en principe aux procédures de surendettement en cours à cette date, exception faite si le juge d'instance a été saisi avant cette date par la commission de surendettement aux fins d'homologation. Dans ce cas, l'affaire sera poursuivie et jugée conformément au Livre VII du Code de la consommation, dans sa rédaction antérieure à la loi du 18 novembre 2016. Par cette nouvelle loi, l'équilibre des pouvoirs entre les commissions de surendettement des particuliers et les juridictions a été à nouveau modifié, avec l'objectif de réduire les délais de justice et de désengorger les tribunaux. Pour ce faire, le texte prévoit de supprimer un certain nombre de missions jusqu'alors confiées aux juges. Il est ainsi permis de constater que le pouvoir judiciaire est en net retrait dans ce domaine et qu'il n'intervient plus que dans « les hypothèses jugées les plus graves »[4].

---

[2] Devenu art. 1343-5 C. civ.

[3] Loi n° 2016-1547, 18 nov. 2016 de modernisation de la justice du XXIe siècle, JORF n° 0269, 19 nov. 2016, texte n° 1.

[4] S. PIEDELIEVRE, « Droit du surendettement dans la loi de modernisation de la justice du XXI siècle », JCP G, n° 49, 5 Déc. 2016, doctr. 1329..

4. La question se pose alors de savoir en quoi la loi du 18 novembre 2016, même si elle peut sembler ne toucher qu'à certains aspects du droit du surendettement, marque un certain aboutissement de l'évolution de cette matière. Pour répondre à cette question, il convient de faire un bref rappel historique de la procédure de surendettement des particuliers. La loi n° 89-1010 du 31 décembre 1989 avait mis en place deux procédures instaurant d'une part une procédure de règlement amiable confiée à une nouvelle autorité administrative[5] et d'autre part, en cas d'échec de la procédure amiable, une procédure judiciaire devant les tribunaux d'instance. Dès l'entrée en vigueur de cette loi, les tribunaux d'instance ont été dépassés par le nombre de dossiers à traiter. C'est la raison pour laquelle la loi n° 95-125 du 8 février 1995 a eu pour objectif de modifier la ventilation des tâches entre le juge de l'exécution[6] et les commissions de surendettement en leur transférant une partie des missions du juge. Ce dernier n'intervenait alors plus que pour homologuer les décisions des commissions. La loi n° 2003-710 du 1er août 2003 a marqué un certain retour du pouvoir judiciaire en créant une nouvelle procédure dite de rétablissement personnel dont la compétence est donnée au juge de l'exécution, et qui, à l'origine s'apparentait à la liquidation judiciaire et se traduisait par l'effacement du passif. Avec la loi n° 2010-737 du 1er juillet 2010, le législateur a de nouveau réduit le rôle du juge en accentuant le pouvoir de décision des commissions puisqu'elles peuvent désormais imposer un plan de surendettement à la condition de ne pas toucher au capital dû[7]. Entre 2010 et 2016, presque rien ne s'est passé, si ce n'est la loi du 17 mars 2014 relative à la consommation qui réduit de huit à sept ans la durée maximale d'un plan de surendettement[8]. La loi du 18 novembre 2016 parachève cette évolution en donnant aux commissions de

---

[5] Les commissions départementales d'examen des situations de surendettement des particuliers.

[6] Du tribunal d'instance.

[7] S. GJIDARA-DECAIX, *Surendettement des particuliers*, Jcl. Procédures collectives, Fasc. 1710.

[8] C. consom., art. L. 331-6 et L. 331-7 devenus C. consom., art. L. 732-3 et L. 733-3.

surendettement un rôle majeur confinant même parfois à l'exclusivité. Le droit du surendettement cesse ainsi d'hésiter entre l'amiable, sous l'égide des commissions de surendettement, et le judiciaire. Désormais le juge n'a plus qu'une compétence réduite au sein de cette procédure. S'il y a donc une extension de la compétence des commissions **(I)**, la réforme n'a pas pour autant sacrifié le rôle du juge. Elle a plutôt procédé à un recentrage de sa compétence **(II)**.

I. L'extension de la compétence des commissions de surendettement

5. Non seulement la loi du 18 novembre 2016 autorise désormais les commissions à homologuer les plans de surendettement (A) mais encore elle leur permet d'imposer l'application de certains rétablissements personnels (B).

A. L'homologation des plans de surendettement

6. L'homologation des plans de surendettement a donné lieu à l'une des modifications phares de la loi du 18 novembre 2016. En effet, au 1er janvier 2018, l'homologation des plans relèvera principalement de la compétence des commissions et subsidiairement de celle du juge. Actuellement, les plans de surendettement des particuliers sont élaborés par les commissions départementales et homologués dans 98% des cas par le juge. Or, en 2018, ces plans seront applicables immédiatement et sans intervention du juge. Ainsi, les mesures ne seront plus « recommandées » par les commissions puis homologuées par le juge mais seront directement imposées par les commissions. Le juge d'instance n'interviendra donc plus qu'en cas de contestation des mesures, impliquant alors une réorganisation des dispositions du Livre VII du code de la consommation. En étendant les prérogatives de la commission, la loi de 2016 en fait ainsi un acteur clé de la procédure de surendettement. Les modifications systématiques du texte en sont une parfaite illustration. En effet, le verbe « recommander » est remplacé par « imposer » à l'article L. 712-2 tout comme à l'article

L. 724-1 du code de la consommation ; de même à l'article L. 724-3 le mot « recommande » est remplacé par le mot « impose » et à la première phrase du second alinéa du même article, le mot « recommandation » est remplacé par le mot « décision ». Ainsi à la faveur de la réforme, les commissions de surendettement passent du statut d'organes de conciliation et de proposition à celui d'organes de décision[9]. De même, l'article L. 733-4 du code de la consommation illustre les nouveaux pouvoirs de la commission. En effet, elle pourra imposer notamment un effacement partiel des dettes. Il est indéniable que l'homologation était jusqu'ici source de ralentissement de la procédure. La loi de 2016 permet son accélération, y compris pour la procédure de rétablissement personnel.

B. L'incidence de la réforme sur la procédure de rétablissement

7. Le législateur a étendu les pouvoirs de la commission en matière de rétablissement personnel. Rappelons que le rétablissement personnel se traduit par l'effacement de l'endettement[10]. Cette mesure de faveur est évidemment soumise à des conditions strictes, notamment la situation irrémédiablement compromise du débiteur et la démonstration qu'il ne pourra jamais honorer un plan de surendettement. Jusqu'à présent, la commission pouvait simplement « recommander » le rétablissement personnel sans liquidation, c'est-à-dire sans vente des actifs du débiteur, si le débiteur n'avait que des « biens meublants nécessaires à la vie courante » ou « des biens dépourvus de valeur marchande »[11]. Le rétablissement personnel sans liquidation judiciaire a des effets radicaux : il conduit à l'effacement des dettes non professionnelles du débiteur, à l'exception des dettes alimentaires, des dettes résultant d'un prêt sur gage et des dettes payées par la caution du débiteur. L'article R. 741-4 du code de la

---

[9] Posant inévitablement la question de leur nature juridique : administrative ou juridictionnelle.

[10] Pour une étude générale, voir V. VIGNEAU, G-X. BOURIN et C. CARDINI, *Droit du surendettement des particuliers* , LexisNexis, 2e éd., 2012, n° 539, p. 363.

[11] C. consom., art L. 724-1.

consommation prévoyait que le juge vérifiait que la recommandation avait été formulée dans le respect de la procédure et s'assurait de son bien-fondé. Désormais, la réforme attribue à la seule commission le pouvoir d'imposer l'ouverture d'une procédure de rétablissement personnel sans liquidation, laissant au juge la procédure de rétablissement personnel avec liquidation, ce qui illustre le recentrage de la compétence du juge en la matière.

II. Le recentrage de la compétence du juge judiciaire

8. Le recentrage du rôle du juge figure à l'article L. 741-1 du Code de la consommation. Il reste exclusivement compétent pour décider le rétablissement personnel avec liquidation (A) et conserve son rôle de trancher les recours exercés contre la décision de la commission d'accorder un rétablissement personnel sans liquidation (B).

A. La compétence exclusive du juge judiciaire

9. D'après la réforme, le juge du tribunal d'instance conserve compétence exclusive lorsque la procédure de rétablissement personnel est assortie d'une liquidation, c'est-à-dire la vente des actifs du débiteur. On peut imaginer que le législateur a voulu respecter le rôle traditionnel et constitutionnel du juge judiciaire, gardien de la propriété individuelle. Dans ce domaine, l'initiative de la saisine revient alors à la commission de surendettement, au juge d'instance ou au débiteur lui-même. Une fois le juge d'instance saisi, la procédure devient contradictoire. Le greffe convoque le débiteur et les créanciers connus à une audience d'ouverture de la procédure de rétablissement personnel.

10. Si le juge constate que la situation du débiteur n'est pas irrémédiablement compromise, il est tenu de renvoyer le dossier à la commission de surendettement, seule habilitée à accorder un plan. Il n'a donc pas la possibilité de se substituer à la commission dans cette hypothèse, ce qui confirme bien la séparation voulue par la réforme entre la compétence de la commission et celle du juge. En revanche, si le juge constate la situation irrémédiablement compromise du débiteur, par ailleurs propriétaire d'actifs d'une certaine valeur, il ouvrira, une procédure de rétablissement personnel avec liquidation judiciaire, avec l'accord de ce dernier. En dehors du rétablissement personnel, le législateur a voulu atteindre l'objectif de désengorgement des tribunaux d'instance en ne les faisant intervenir qu'à titre de recours contre les décisions de la commission. C'est ce qui leur donne désormais une compétence accessoire.

B. La compétence accessoire du juge judiciaire

11. À cet égard, le nouvel article L.733-10 du code de la consommation autorise toute partie, donc débiteur ou créancier, à contester, dans un délai de trente jours[12], les mesures imposées par la commission dans les cas prévus aux articles L. 733-1, L. 733-4 et L. 733-7 du code de la consommation. Il s'agit de toutes les mesures adoptées dans le cadre du plan de redressement (ex : rééchelonnement des créances, imputation des paiements sur le capital, application d'un taux d'intérêt réduit), y compris les décisions d'effacement partiel des créances. Le jugement que rendra le juge d'instance est susceptible d'appel, ce qui implicitement crée trois degrés de juridiction si on considère que la commission de surendettement est désormais investie d'un pouvoir « quasi juridictionnel ». Le débat sur ce point reste ouvert.

12. En résumé, si le droit substantiel du droit du surendettement a été peu impacté par la loi du 18 novembre 2016, la réforme marque une nouvelle orientation. La procédure administrative prédomine du fait de l'accroissement des pouvoirs de la commission. L'homologation qui jouait certes un rôle réduit, n'était sans doute pas totalement inutile « dans la mesure où elle apparaissait comme un garde-fou

---

[12] C. consom., art. R.733-6 (décret n° 2017-896 du 9 mai 2017).

contre des mesures qui sont malgré tout particulièrement graves »[13]. « Le juge conserve essentiellement ses pouvoirs pour la branche la plus grave du rétablissement personnel, à savoir celui emportant liquidation judiciaire »[14].

13. Ainsi, cette réforme contribue à la tendance générale à la déjudiciarisation du contentieux judiciaire. Le droit du surendettement hésite de moins en moins entre l'amiable et le judiciaire. Au passage, la réforme ouvre un vrai débat sur la nature juridique de la commission de surendettement[15] puisqu'elle est investie d'un pouvoir juridictionnel alors qu'elle n'est pas un organe impartial et indépendant selon les exigences de la CEDH[16].

---

[13] S. PIEDELIEVRE, *art. préc.,* n° 9.

[14] S. PIEDELIEVRE, *art. préc.*, n°13.

[15] G. RAYMOND, « Nature juridique de la commission de surendettement », Contrats Concurrence Consommation, n° 12, déc. 2009, comm. 301.

[16] V. VALETTE-ERCOLE, « Incidences des nouveaux pouvoirs attribués aux commissions de surendettement », Contrats Concurrence Consommation, n° 1, janv. 2011, alerte 1.

La nouvelle procédure du divorce par consentement mutuel : déjudiciarisation du divorce

Gwennaëlle FROMENT

Si la procédure de divorce existe maintenant depuis 133 ans, elle était avant le 18 novembre 2016 une affaire judiciaire. Tel n'est plus le cas depuis la promulgation de la loi de modernisation de la justice du XXIème siècle. En effet, une distinction est opérée entre les différents types de divorces. Si le divorce par consentement mutuel se distingue par bien des aspects quant à son caractère amiable, cette distinction est aujourd'hui réaffirmée par la nature de sa procédure.

1. Une réforme signe d'évolution ou de révolution ? Il faut attendre 1884 avec la loi Naquet pour que le Code civil intègre la possibilité même du divorce. Cent trente-trois ans plus tard, le divorce est l'une des procédures les plus courantes, et ne constitue rien de moins qu'une métamorphose de la procédure elle-même. La procédure est traditionnellement et schématiquement entendue comme un ensemble de règles organisant le recours au juge. Le Doyen Pothier considérait notamment que *« la procédure est la forme dans laquelle on doit intenter les demandes en justice, y défendre, intervenir, instruire, juger, se pourvoir contre les jugements et les exécuter »*[488]. Nonobstant, plusieurs siècles plus tard, le professeur Loïc Cadiet rappelle que *« la diversité, la flexibilité et la réactivité sont une bonne réponse à la complexité des sociétés contemporaines, ce qui conduit (...) »* à favoriser *« (...) une conception dynamique et diversifiée, supposant une coopération permanente du juge et des parties susceptibles de reposer, en tant que de besoin, sur le recours au contrat comme outil de gestion de la procédure »*[489]. La nouvelle procédure du divorce par consentement mutuel quant à elle est rapide, peu coûteuse et contractuelle, et qui pourrait être résumé de la manière suivante : sans l'intervention du juge. On assiste alors au

---

[488] R.-J. POTHIER, *Traité de procédure civile, in limine*, 1er volume, Paris, 1772, Debure.

[489] L. CADIER, « Pour une "Théorie générale du procès" », Ritsumeikan Law review, juin 2011, n° 28, p. 142.

renouvellement de la procédure et cette modernisation pose de multiples questions. Cette mise à l'écart du juge, pivot de l'article 6 de la Convention européenne des droits de l'homme, est-elle vraiment sans danger et que nous apprend le droit du divorce sur l'évolution du droit ?

2. Typologie des divorces. À l'origine, la loi du 27 juillet 1884[490] ne prévoyait qu'un cas de divorce : le divorce pour faute. Mais il est apparu que la désunion des époux pouvait trouver sa source en dehors de toute faute de l'un ou de l'autre. Aussi, le législateur a donc procédé à une réforme du divorce par la loi du 11 juillet 1975[491]. Cette réforme s'inscrit dans une volonté de réformer de manière générale le droit de la famille. C'est une refonte de la loi Naquet qui est effectuée. La loi du 26 mai 2004[492] viendra fixer les différents cas de divorces recevables. L'article 229 du Code civil distingue alors trois divorces contentieux et un divorce « amiable ».
Parmi les divorces contentieux, il existe d'abord, le divorce par acceptation du principe de la rupture du mariage, aussi appelé « divorce accepté »[493]. Ensuite, il y a aussi le divorce pour altération définitive du lien conjugal et enfin, le divorce pour faute. Le divorce par consentement mutuel, quant à lui, se distingue de ces trois divorces de par son caractère « amiable » ou plutôt, par son caractère *a priori* non contentieux. Les époux sont, en effet, en accord sur la rupture et sur les conséquences de celle-ci. Établi devant le juge aux affaires familiales jusqu'à la récente réforme de modernisation de la justice de 2016[494], il connaît aujourd'hui une véritable métamorphose procédurale. Cette métamorphose peut s'expliquer notamment par l'importance du nombre de divorces par consentement mutuel. À titre d'exemple, en 2015, 55% des divorces prononcés étaient des divorces

490 Loi Naquet, loi n° 14,485 du 27 juill. 1884, « qui rétablit le divorce », promulguée le 29 juill. 1884.

491 Loi n° 75-617 du 11 juill. 1975 portant réforme du divorce, JORF n° 0161 du 12 juill. 1975, p. 7171.

492 Loi n° 2004-349 du 26 mai 2004, relative au divorce, JORF n° 122 du 27 mai 2004, p. 9319.

493 C. civ. Chapitre 1er : « des cas du divorce », Section 2 : « du divorce accepté ».

494 Loi n° 2016-1547 du 18 nov. 2016 de modernisation de la justice du XXIe siècle, JOFR n° 0269 du 19 nov. 2016, texte n° 1.

par consentement mutuel, soit 123 668 divorces dont 67 875 étaient des divorces par consentement mutuel[495].

3. Retour sur la genèse de ce divorce non contentieux. La métamorphose avait été initiée par le Sénat, le rapport Coulon[496] ainsi que le rapport Guinchard[497], cependant tous ont écarté la déjudiciarisation totale de ce divorce. En effet, à l'époque, cette métamorphose paraissait trop ambitieuse. Mais en 2016, la loi de modernisation de la justice du XXIème siècle opère cette déjudiciarisation.

4. Une déjudiciarisation vers une contractualisation. La déjudiciarisation compte plusieurs enjeux notamment : la célérité, la simplification, le souci d'économie et une volonté d'apaisement. La déjudiciarisation du divorce par consentement mutuel s'effectue au profit de sa contractualisation. Quelles sont donc les raisons d'une telle déjudiciarisation, au bénéfice de qui et de quoi s'effectue-t-elle ? Si la déjudiciarisation est favorable à la célérité de la justice, quels sont les enjeux de celle-ci ? Entre progrès et contraintes, qu'en est-il de cette nouvelle procédure ? L'évolution du droit et de la notion de procédure de plus en plus déjudiciarisée semble démontrer que la contractualisation du divorce par consentement mutuel est avantageuse **(I)**. Toutefois, des réserves peuvent être émises, car elle apparaît ambitieuse **(II)** sous certains aspects.

I. Une contractualisation du divorce par consentement mutuel

5. Avantageuse, car elle tend vers la recherche constante d'une bonne administration de la justice (A). Le divorce par consentement mutuel étant le divorce non contentieux par excellence l'objectif est de le simplifier tout en préservant les intérêts des époux (B). Le législateur

---

495 *In* les chiffres-clés de la justice 2016, Ministère de la Justice 2016. http://www.justice.gouv.fr/art_pix/stat_CC%202016.pdf.

496 Rapport du garde des Sceaux, ministre de la Justice, « Réflexions et propositions sur la procédure civile », Paris, 1997, p. 57-59.

497 Rapport au garde des Sceaux, « L'ambition raisonnée d'une justice apaisée », La documentation française, Paris, 2007, p. 20. Celui-ci écarte la déjudiciarisation au profit d'un allègement de la procédure et une régulation ou une tarification des coûts.

certes déjudiciarise cette procédure mais veille à pallier cette absence de juge.

A. LA BONNE ADMINISTRATION DE LA JUSTICE PRINCIPALEMENT RECHERCHEE

6. Qu'est-ce que la « bonne administration de la justice » ? La bonne administration de la justice est une notion exempte de définition. Pour autant le Conseil constitutionnel l'a reconnu comme un objectif à valeur constitutionnelle[498]. On souhaite par cet objectif garantir que la justice soit rapide, simple, peu coûteuse tout en restant efficace. À l'instar de la notion « d'intérêt supérieur de l'enfant », c'est une notion à géométrie variable. Utilisée bien souvent de façon inconsidérée par le juge.

7. La recherche de la simplification et de la célérité de la procédure. La réforme du divorce par consentement mutuel revêt en réalité un objectif de simplification, de célérité et de réduction des coûts pour la justice. Célérité pour le justiciable d'abord, il n'est plus question pour les époux de paraître devant le juge. Il s'agit à présent d'une interaction entre les avocats et le notaire. De surcroît, la présence des époux face au notaire devient accessoire. Si l'absence des époux devant le notaire peut paraître favorable pour la rapidité de la justice. Cette absence peut être critiquable pour les notaires. En effet, il s'agira pour ces derniers de signer un acte pour des personnes qu'ils ne verront probablement jamais. C'est une pratique innovante pour la profession qui semble soumise à critiques.

Célérité pour la justice ensuite, grâce à la déjudiciarisation, les juges seront moins sollicités pour ce type de divorce et pourront, idéalement, se consacrer à des contentieux véritablement conflictuels et gagner en rapidité sur ces derniers. Toutefois, suite à cette éviction du juge on peut craindre que des dysfonctionnements apparaissent après l'élaboration et le dépôt de la convention. Le risque est donc, l'apparition d'un « contentieux post-contractuel ». On aura un désengorgement des juridictions dans un premier mais une potentielle

---

[498] C. constit., Décision n° 2009-595 DC du 3 déc. 2009, « *Considérant d'autre part, que la bonne administration de la justice constitue un objectif à valeur constitutionnelle qui résulte des art. 12, 15 et 16 de la Déclaration des droits de l'homme et du citoyen de 1789* ».

remise en cause ultérieure de ces conventions sur le fondement du droit des contrats. Il sera alors possible pour l'un des deux époux d'invoquer le dol ou encore l'erreur.

8. La recherche d'une diminution des coûts. Il semble que cet avantage patrimonial ne profite qu'à la justice et non au justiciable. En effet, pour les époux les frais peuvent être plus élevés qu'auparavant. À savoir, d'une part, les honoraires des avocats en double et le montant relatif à un éventuel état liquidatif. Soulignons toutefois, la possibilité pour les époux de bénéficier de l'aide juridictionnelle pour rémunérer leur avocat. Et d'autre part, le montant relatif au dépôt de la convention au rang des minutes du notaire. Celui-ci s'élève à 42 euros hors taxe[499], ce qui s'avère être une somme minime, en comparaison du montant moyen d'un acte notarié. En somme, les époux divorçant ne réaliseront pas de véritables économies avec ce nouveau divorce par consentement mutuel[500]. En revanche, pour la justice l'avantage économique est prégnant. La déjudiciarisation va permettre, nous l'espérons, d'implanter différemment le budget auparavant destiné à la rémunération des fonctionnaires de la justice tels que les juges, les greffiers ainsi que les huissiers. S'il y a derrière cette réforme une volonté de désengorgement des juridictions le législateur a veillé à ne pas négliger les principaux intéressés, les époux, et substitue les avocats au juge, pour remplir le rôle de garant des intérêts de ces derniers.

B. LES INTERETS DES EPOUX ACCESSOIREMENT ENVISAGES

9. L'individualisation de la représentation des époux. Rappelons-le, le divorce par consentement mutuel est destiné aux époux en accord sur la rupture du mariage, et ses conséquences. Sa déjudiciarisation semble donc tant logique que pratique. Pour autant, il est indispensable de garantir les intérêts des époux d'autant que le juge n'est plus présent pour y veiller. Plusieurs interrogations interviennent. La première question est de savoir la manière dont le législateur pallie cette éviction du juge. Il procède à une individualisation de l'assistance et de la représentation des époux. Une

[499] Soit, 50,4 euros TTC.
[500] V. en ce sens, https://www.service-public.fr/particuliers/vosdroits/F10567.

des modifications notables pour le justiciable est bel et bien l'obligation pour les époux d'avoir son avocat. Il leur est donc, désormais, impossible d'avoir recours à une représentation commune. Désormais, chaque époux doit avoir son avocat[501]. La seconde interrogation est de déterminer l'enjeu de cette obligation d'individualisation de la représentation. À défaut d'avoir un juge garant des intérêts de chacun, cette mission est désormais confiée aux avocats. Si ce n'est pas expressément énoncé par le législateur, le texte révèle ce rôle fondamental de l'avocat.

10. Le contreseing par avocat, réaffirmation de la responsabilité des avocats. Il est possible de constater une réaffirmation de la responsabilisation des avocats. En effet, les avocats doivent contresigner la convention. L'acte sous seing privé par avocat[502] a été créé par la loi du 28 mars 2011[503]. Le Code civil considère que ce contreseing par avocat *« fait foi de l'écriture et de la signature des parties, tant à leur égard qu'à celui de leurs héritiers ou ayants cause »*[504]. Le professeur Bernard Vareille fait un constat éclairant, selon lui c'est un divorce, *« sans juge, mais pas sans risque »*[505] pour les avocats. Ce processus permet de dispenser les notaires d'une quelconque responsabilité sur le fond de la convention. Il est uniquement tenu de contrôler les exigences formelles. Implicitement, le législateur écarte le notaire du rôle de « garant des intérêts ».

11. Autonomie de la volonté des époux dans le démariage. Enfin la contractualisation du divorce par consentement mutuel permet de réaffirmer un peu plus l'autonomie de la volonté des époux dans le démariage[506]. Cela peut être mis en parallèle avec l'autonomie de la

---

[501] Art. 229-1 al. 1 C. civ « *Lorsque les époux s'entendent sur la rupture du mariage et ses effets, ils constatent, assistés chacun par un avocat, leur accord dans une convention (...)* ».

[502] V. en ce sens, M. LATINA *in* Rép. de droit civil, « contrat : généralités », Titre 2, Chap. 2, Sect. 1, art. 1, « Contrats consensuels, solennels, réels », mai 2017.

[503] Loi n° 2011-331 du 28 mars 2011 de modernisation des professions judiciaires ou juridiques et certaines professions réglementées (1), JORF n° 0074 du 29 mars 2011, p. 5447.

[504] Art. 1374 C. civ. modifié par l'Ordonnance n°2016-131 du 10 févr. 2016, art. 4.,

[505] B. VAREILLES, « Sans juge, mais pas sans risque… », Defrénois, 30 mai 2017, n° 10, p. 609.

[506] V. en ce sens, M. GIACOPELLI, « L'autonomie de la volonté dans les conventions entre époux divorcés », RTD. Civ. 2001, p. 505.

volonté largement reconnue au sein même de leur mariage. Les époux deviendraient-ils maîtres de leur démariage ? Si cela permet d'élargir la liberté des justiciables cette contractualisation peut apparaître également comme une désacralisation supplémentaire du mariage. Cette contractualisation du divorce possède certains avantages mais il demeure certaines zones d'ombres non négligeables. Aussi, il semble indispensable de les évoquer dans la suite de ce propos.

II. Une contractualisation du divorce ambitieuse

12. La réforme du divorce par consentement mutuel a permis de mettre en évidence l'intérêt modulable du mineur (A). De plus, il est également constaté que le rôle du notaire devient de plus en plus délicat (B).

A. L'INTÉRÊT MODULABLE DU MINEUR

13. Le mineur, nouvel acteur dans la procédure du divorce par consentement mutuel. La contractualisation du divorce par consentement mutuel remet en cause la place du mineur au sein du divorce et la rend centrale. En effet, en présence d'un mineur qui manifeste sa volonté d'être entendu, les époux ne peuvent consentir mutuellement à leur divorce par acte sous seing privé. Le cheminement est simple, les parents informent leur enfant, capable de discernement, par le biais d'un formulaire de son « droit à être entendu ». Ce formulaire permet d'expliquer à l'enfant les conséquences de la mise en œuvre de ce droit sur la suite de la procédure[507]. Aussi, dans le cas où l'enfant manifeste sa volonté d'être

[507] Art. 1144 CPC : « *L'information prévue au 1° de l'article 229-2 du code civil prend la forme d'un formulaire destiné à chacun des enfants mineurs, qui mentionne son droit de demander à être entendu dans les conditions de l'article 388-1 du même code ainsi que les conséquences de son choix sur les suites de la procédure* » ; V. en plus, Arrêté du 28 déc. 2016 fixant le modèle de l'information délivrée aux enfants mineurs capables de discernement dans le cadre d'une procédure de divorce par consentement mutuel par acte sous signature privée contresigné par avocats, déposé au rang des minutes d'un notaire, JORF n° 0302 du 29 déc. 2016 texte n° 64.

entendu, la procédure initialement non-judiciaire deviendra judiciaire[508].

14. Les difficultés de ce pouvoir laissé à l'enfant. Se posent des interrogations et des difficultés quant à la communication du formulaire au mineur, à sa rédaction et à la transmission de celui-ci au juge. D'abord, l'enfant peut s'abstenir de se manifester sous l'influence de ses parents. Ensuite, ce droit à être entendu concerne les enfants dotés du discernement nécessaire. Par conséquent, l'absence de discernement sera le motif pour lequel le mineur n'a pu être informé de son droit à être entendu[509]. Enfin, l'évaluation de ce discernement sera effectuée par les parents ou, au mieux, par les avocats de ces derniers. Le notaire quant à lui est simple juge de la bonne information au mineur[510]. Cette mesure semble imparfaite. En effet, la notion de discernement est une notion déjà difficilement appréhendable par les juges. Confier la seule appréciation aux parents ne manque-t-elle pas d'objectivité ?

15. Acte notarié ou judiciaire ? Il est d'autant plus étonnant que le mineur puisse modifier le cours de la procédure du divorce, alors que dans la procédure de changement de régime matrimonial une distinction entre les couples avec ou sans enfant est effectuée. Il est alors nécessaire de préciser qu'un changement de régime matrimonial n'a pas de réel impact sur la situation du mineur. Il en est autrement pour le divorce. En effet, que celui-ci soit par consentement mutuel, pour faute, ou accepté, le divorce aura nécessaire des conséquences sur la vie de l'enfant. Aussi, dans le changement de régime

---

[508] Art. 229-2 1° Code civ : « *Les époux ne peuvent consentir mutuellement à leur divorce par acte sous signature privé contresigné par avocats lorsque : 1° Le mineur, informé par ses parents de son droit à être entendu par le juge dans les conditions prévues à l'article 388-1, demande son audition par le juge* ».
Art. 1148-2 al. 1 CPC : « *Dès qu'un enfant mineur manifeste son souhait d'être entendu par le juge dans les conditions prévues à l'article 388-1du code civil, la juridiction peut être saisie selon les modalités prévues aux articles 1088 à 1092* ».

[509] Art. 1144-2 CPC « *La convention du divorce mentionne, le cas échéant, que l'information prévue au 1° de l'article 229-1 du code civil n'a pas été donnée en l'absence de discernement de l'enfant mineur concerné* ».

[510] V. en ce sens R. DUPUIS-BERNARD, « Le divorce par consentement mutuel : le nouvel acte de dépôt, rôle et mission du notaire », 30 mai 2017, Defrénois, n° 10, p. 626.

matrimonial l'acte est initialement notarié[511]. Toutefois, en présence d'un enfant mineur, cet acte doit obligatoirement être soumis à une homologation par le juge[512]. Il semble inévitable de se demander, pourquoi le divorce par consentement mutuel ne suit pas cette logique. Dans ce contexte, on ne peut exclure une éventuelle réforme de cette procédure. Cette réforme serait l'occasion également d'harmoniser la législation française avec d'autres pays européens.

16. Une éventuellement harmonisation. La France n'est pas l'unique pays européen à avoir déjudiciarisé le divorce par consentement mutuel. Pour cause, le Portugal ainsi que l'Italie ont tous deux procédé à cette déjudiciarisation. D'une part, la loi portugaise prévoit, en présence d'une enfant mineure, un contrôle du parquet. D'autre part, la loi italienne, réserve, quant à elle, le divorce déjudiciarisé pour les couples sans enfant[513]. Pour pallier les difficultés précédemment exposées, il semblerait qu'opter pour une procédure similaire à ces pays pourrait diminuer l'implication de l'enfant dans une procédure aussi épineuse qu'est le divorce.
Autre acteur majeur de cette procédure, le notaire. L'implication du notaire et de l'enfant n'est pas mesurable. Toutefois, qu'en est-il du rôle du notaire dans cette procédure déjudiciarisée du divorce par consentement mutuel ?

B. LE RÔLE DÉLICAT DU NOTAIRE

17. Le choix du notaire. D'abord il est intéressant de préciser que le choix du notaire se fait d'un commun accord entre les époux. Le législateur n'a pré-désigné aucun notaire ni même précisé de compétence territoriale quant au choix de celui-ci. Par ailleurs, il peut s'agir du notaire qui a procédé à l'élaboration de l'acte authentique de

---

[511] Art. 1397 al. 1 C. civ. *« Après deux années d'application du régime matrimonial, les époux peuvent convenir, dans l'intérêt de la famille, de le modifier, ou même d'en changer entièrement, par un acte notarié ».*

[512] Art. 1397 al. 5 C. civ. *« Lorsque l'un ou l'autre des époux a des enfants mineurs, l'acte notarié est obligatoirement soumis à l'homologation du tribunal du domicile des époux ».*

[513] L. DIMITROV, M.-L. NIBOYERT et I. REIN-LESCASTEREYRES, « La "désinternationalisation" du nouveau divorce par consentement mutuel ? », Gaz. Pal., 4 avr. 2017, n° 14, p. 74.

liquidation[514] ou un notaire totalement étranger à cet acte authentique. Ces précisions apportées il est possible d'affirmer qu'une nouvelle mission est octroyée aux notaires.

18. Les prérogatives du notaire. Il donne force exécutoire à la convention et lui confère date. Ce qui permet de rendre la convention immédiatement applicable pour les effets entre époux. À l'égard des tiers il faut attendre la transcription sur l'acte de mariage et sur l'acte de naissance de la mention du divorce[515].
Concernant cette mission, le notaire n'aura qu'un rôle de contrôle des mentions obligatoires figurant à l'article 229-3 du Code civil[516]. Cela est discutable. Il semblerait que son rôle ne soit pas de contrôler le fond car sa responsabilité n'est pas susceptible d'être engagé tel que l'a prévu le législateur. Pour autant, cette crainte liée à la responsabilité reste existante pour certains notaires. En effet, une des missions primordiales du notaire est un devoir de conseil[517]. Il paraît paradoxal et exceptionnel qu'une des procédures lui incombant échappe à ce devoir conseil. Or pour conseiller il faut avoir une certaine connaissance du dossier. Cela peut donner lieu à des difficultés, surtout quand conformément à l'article 1146 du Code de procédure civile le délai de dépôt pour le notaire est de 15 jours.

---

[514] Dans le cas où il y a un état liquidatif.

[515] Art. 1147 al. 1 CPC « *Mention du divorce est portée en marge de l'acte de mariage ainsi que de l'acte de naissance de chacun des époux, à la requête de l'intéressé ou de son avocat, au vu d'une attestation de dépôt délivrée par le notaire* ».

[516] S'agissant de ces mentions : « *La convention comporte expressément, à peine de nullité : 1° les noms, prénoms, professions, résidence, nationalité, date et lieu de mariage, ainsi que les mêmes indications, le cas échéant, pour chacun de leurs enfants ; 2° le nom, l'adresse professionnelle et la structure d'exercice professionnel des avocats chargés d'assister les époux ainsi que le barreau auquel ils sont inscrits ; 3° La mention de l'accord des époux sur la rupture du mariage et sur ses effets dans les termes énonces par la convention ; 5° L'état liquidatif du régime matrimonial, le cas échéant en la forme authentique devant notaire lorsque la liquidation porte sur des biens soumis à publicité foncière, ou la déclaration qu'il n'y a pas lieu à liquidation ; 6° La mention que le mineur a été informé par ses parents de son droit à être entendu par le juge dans les conditions prévues à l'article 388-1 et qu'il ne souhaite pas faire usage de cette faculté* ».

[517] Cass. 1re civ. 21 juill. 1921 « *Les notaires, institués pour donner aux conventions des parties les formes légales et l'authenticité qui en est la conséquence, ont également pour mission de renseigner les clients sur les conséquences des engagements qu'ils contractent* », D. 1925, 1, p. 29.

19. Un dépôt à caractère hybride[518]. S'agissant du dépôt, en pratique il existe deux types de dépôts au rang des minutes d'un notaire[519]. Le premier, le dépôt « simple », n'implique pas de reconnaissance d'écriture et de signature, il permet de conserver l'acte et de lui conférer date certaine. Le second, le dépôt « authentifiant », implique une reconnaissance d'écriture et de signature. Il permet de conserver l'acte et de lui conférer date certaine mais surtout il permet de donner à l'acte une authentification et une force exécutoire. Ce qui implique de la part du notaire un contrôle de l'intégrité des consentements. Or dans le divorce par consentement mutuel de 2016, le dépôt est effectué par le notaire au rang de ses minutes. Ce dépôt va permettre de le conserver et de lui conférer date certaine[520]. Cela lui donne également force exécutoire tout comme l'acte authentifiant, sans pour autant le rendre authentique, et surtout, sans que le notaire opère un contrôle de l'intégrité des consentements des époux. Ces ignorances des fondamentaux de la fonction de notaire ne s'arrêtent pas là.

20. Ignorance des fondamentaux de la fonction de notaire. En effet, s'agissant de l'attribution de la force exécutoire de la convention à l'étranger il y a des problèmes de reconnaissance de la décision. En principe, c'était le greffier en chef du tribunal de grande instance qui délivrait aux époux divorçant un certificat conférant à la convention force exécutoire à l'étranger. Désormais la question qui se pose est de savoir à qui incombe ce pouvoir de certification. Est-ce aux avocats rédigeant la convention ou au notaire au rang des minutes duquel la convention a été déposée ?[521] Cela semble peu probable dans la seconde hypothèse car, *a priori,* le notaire dispose d'une fonction nationale[522]. De manière générale, on peut constater le peu de

---

[518] V. en ce sens, C. BLANCHARD, « La fonction de notaire dans le divorce déjudiciarisé », JCP N, 2016, n° 1, p. 1002 ; R. DUPUIS-BERNARD, *préc.*, p. 626.
[519] V. en ce sens, M. DAGOT, « Dépôt au rang des minutes d'un notaire », JCP. N., n° 15, 15 avril 1994, 2948.
[520] Tout comme le dépôt simple.
[521] V. en ce sens, E. VIGANOTI,« Divorce sans juge et droit international privé : réflexions d'un avocat français », Gaz. Pal., 24 janv. 2017, n° 4 : *« Plainte auprès de la Commission européenne pour non-respect du droit de l'Union européenne – Violation par la France du droit de l'Union européenne suite à la réforme du divorce entrée en vigueur le 1er janvier 2017 ».*
[522] Cette fonction nationale peut être écarté dans le droit des successions où la une réglementation européenne est prévue.

prise en compte du droit européen lors de cette réforme[523]. Aussi, certains auteurs qualifient le divorce par consentement mutuel issu de la loi J21 comme un divorce « désinternationalisé »[524].

Nous terminerons par un constat, en effet, il n'est pas évident de trouver la personne avec qui partager sa vie mais il semble que la désunion ne soit pas plus simple !

---

[523] V. en ce sens, A. BOICHE, « divorce 229-1 : aspect de droit international privé et européen – la France nouveau Las Vegas du divorce », AJ. Fam. 2017, p. 57.
[524] L. DIMITROV, M.-L. NIBOYERT et I. REIN-LESCASTEREYRES, *préc.*

L'HARMATTAN ITALIA
Via Degli Artisti 15; 10124 Torino
harmattan.italia@gmail.com

L'HARMATTAN HONGRIE
Könyvesbolt ; Kossuth L. u. 14-16
1053 Budapest

L'HARMATTAN KINSHASA
185, avenue Nyangwe
Commune de Lingwala
Kinshasa, R.D. Congo
(00243) 998697603 ou (00243) 999229662

L'HARMATTAN CONGO
67, av. E. P. Lumumba
Bât. – Congo Pharmacie (Bib. Nat.)
BP2874 Brazzaville
harmattan.congo@yahoo.fr

L'HARMATTAN GUINÉE
Almamya Rue KA 028, en face
du restaurant Le Cèdre
OKB agency BP 3470 Conakry
(00224) 657 20 85 08 / 664 28 91 96
harmattanguinee@yahoo.fr

L'HARMATTAN MALI
Rue 73, Porte 536, Niamakoro,
Cité Unicef, Bamako
Tél. 00 (223) 20205724 / +(223) 76378082
poudiougopaul@yahoo.fr
pp.harmattan@gmail.com

L'HARMATTAN CAMEROUN
TSINGA/FECAFOOT
BP 11486 Yaoundé
699198028/675441949
harmattancam@yahoo.com

L'HARMATTAN CÔTE D'IVOIRE
Résidence Karl / cité des arts
Abidjan-Cocody 03 BP 1588 Abidjan 03
(00225) 05 77 87 31
etien_nda@yahoo.fr

L'HARMATTAN BURKINA
Penou Achille Some
Ouagadougou
(+226) 70 26 88 27

L'HARMATTAN SÉNÉGAL
10 VDN en face Mermoz, après le pont de Fann
BP 45034 Dakar Fann
33 825 98 58 / 33 860 9858
senharmattan@gmail.com / senlibraire@gmail.com
www.harmattansenegal.com

www.ingramcontent.com/pod-product-compliance
Lightning Source LLC
LaVergne TN
LVHW051354061026
849535LV00009B/3183